AF344186

UN SOUVENIR D'ARS

VIE

DU

FRÈRE JÉROME

DE LA

CONGRÉGATION DE LA SAINTE FAMILLE DE BELLEY

SACRISTAIN DE L'ÉGLISE D'ARS

PENDANT LA VIE DU VÉNÉRABLE J.-M.-B. VIANNEY

PAR

Mlle MARTHE DES GARETS

UN VOL. IN-12, XIV-271 PAGES — BOURG, IMP. VILLEFRANCHE, 1879 [1].

APPROBATION

Belley, le 1er juillet 1879.

MADEMOISELLE,

J'ai lu votre *Vie du Frère Jérôme*, et je m'empresse de vous remercier du plaisir et de l'édification dont je vous suis redevable. Le bon Frère dont vous avez si bien retracé les vertus, ne se distingue peut-être point par lui-même dans la foule de ces

[1] Pour le recevoir : s'adresser à Ars-sur-Formans (Ain), chez l'auteur, prix : 2 fr. 25 c. et franco 2 fr. 50 c. par mandat.

religieux qui servent l'Eglise et la France avec un dévouement d'autant plus admirable qu'il est plus souvent oublié ou méconnu ; mais le frère Jérôme était de cette première génération de la Congrégation des Frères de la Sainte-Famille qui, par son origine, appartient au diocèse de Belley, et par sa fidélité à sa vocation spéciale, ne cesse de faire honneur à son berceau. Vous avez accompli une bonne œuvre, Mademoiselle, en faisant connaître cet Institut qui est déjà apprécié, en plusieurs diocèses, pour les services qu'il rend dans les écoles et les églises.

Le frère Jérôme a vécu près du vénérable Curé d'Ars, de telle sorte que son souvenir ne peut plus être séparé de celui du grand serviteur de Dieu. C'est ce qui donne à votre récit l'attrait le plus puissant. On sent en outre, que vous avez vu ce que vous racontez, ou que vous l'avez entendu de la bouche de votre religieux et bien-aimé père, le plus fidèle ami du vénérable Curé. Aussi de toutes les pages de votre livre s'échappe-t-il un parfum de piété sincère et de tendresse filiale qui fait accepter sans restriction vos impressions et vos souvenirs. Vous avez écrit ce récit avec amour, et il vous a vous-même édifiée ; je n'en doute pas, il produira le même effet sur tous vos lecteurs.

Je bénis de tout mon cœur votre excellent petit livre, en priant Notre-Seigneur d'être lui-même votre récompense, puisque c'est pour lui que vous avez travaillé.

Agréez, je vous prie, mes remerciements et l'expression de mes sentiments respectueux en Notre-Seigneur.

† JOSEPH,

Evêque de Belley.

Le frère Jérôme appartenait à l'Institut des Frères de la Sainte-Famille dont la maison-mère est à Belley (département de l'Ain). Il naquit à Rumilly, en Savoie, et entra l'un des premiers dans cette pieuse Congrégation, lorsqu'elle était à peine fondée et que des difficultés, sans cesse renaissantes, rendaient son avenir fort incertain. Rien n'est édifiant comme ces commencements obscurs et laborieux d'une œuvre qui ne devait pas tarder à s'affermir, et on saura gré à l'auteur de la *Vie du Frère Jérôme* de les avoir fait connaître.

Lorsque le nouvel Institut eut prouvé sa vitalité, le vénérable Curé d'Ars, gagné sans doute par l'esprit d'humilité et de dévouement qu'il y remarqua, lui confia tout à la fois l'école de sa paroisse et la sacristie de son église. Le frère Jérôme, investi des fonctions de sacristain, fut dès lors attaché à la personne de M. Vianney et passa une partie de sa vie dans le voisinage du saint et, on peut le dire, dans son intimité, à portée de bien voir les prodiges de toutes sortes qui s'accomplissaient journellement dans la pauvre église d'Ars. Il continua à remplir cette charge plusieurs années encore après la mort de son bon maître, jusqu'à ce que l'état de sa santé l'obligeât à se retirer au noviciat de Belley et il ne tarda pas à trouver, dans une sainte mort, la fin de ses longues souffrances.

Tel est, en quelques mots, le résumé de la vie du frère Jérôme et comme le cadre où elle s'est développée. Quoique rien d'extraordinaire ne l'ait signalée, on n'en lira pas l'édifiant récit avec moins d'intérêt.

Tout d'abord, on sent que ce récit est fait par un des témoins les plus favorisés et les mieux instruits des scènes touchantes qu'il retrace, et plus d'une page est toute frémissante encore de l'émotion qui l'a inspirée. Comme le dit l'auteur quelque part, c'est assez de bonheur pour toute une vie que d'avoir vu de ses yeux tant de merveilles, et le cœur, ainsi que la mémoire, en est rempli à jamais. Qu'une occasion se présente, et les souvenirs jaillissent de source, et le passé se lève tout vivant de la poussière. Si cette évocation est attristée par des regrets, elle n'en est pas moins accompagnée de vives jouissances :

l'émotion contagieuse du récit en est la preuve irrécusable.

Le frère Jérôme n'a joué, il est vrai qu'un rôle très-secondaire dans ces évènements prodigieux. Toutefois, sa place près de M. Vianney, une des premières assurément, par les rapports qu'elle lui ménageait avec le saint Curé, et par la nature même de ses fonctions, le désignait naturellement à l'attention de l'auteur et justifie suffisamment le choix qu'il en a fait comme centre et point d'attache de ses souvenirs.

De plus, la bonne figure du Frère reflète si bien la fine simplicité de celle du saint Curé d'Ars qu'on ne peut contempler la première un instant sans qu'aussitôt le regard ne se porte sur la seconde. Qui s'en étonnera ! Pouvait-on vivre dans un tel voisinage sans en subir la salutaire et puissante influence ? Ce trait de la physionomie du bon Frère est mis en pleine lumière et donne au récit de sa vie un charme pénétrant auquel se laisseront facilement aller ceux qui ont connu le vénérable Curé. Il en résulte que ce récit est moins attachant par les faits propres de son héros que par les souvenirs du saint qu'il éveille à chaque ligne, de sorte que, dans son histoire comme pendant sa vie, le frère Jérôme continue sa fonction d'introducteur près de son bon maître, lui faisant place et s'effaçant pour l'offrir seul à l'admiration.

L'auteur n'a donc pas surfait son personnage : il s'est gardé avec autant de soin de charger les couleurs de sa narration : tout y est simple, naturel, digne, de bon ton. C'est une fleur cueillie par une main pieuse sur la tombe du vénérable Curé d'Ars et offerte aux pèlerins que la fidélité du souvenir y ramène chaque année et qui, on ne saurait en douter, la recevront avec autant d'empressement que de reconnaissance.

VIE

DU

FRÈRE JÉROME

VIE

DU

FRÈRE JÉROME

DE LA CONGRÉGATION DE LA SAINTE FAMILLE DE BELLEY

SACRISTAIN DE L'ÉGLISE D'ARS

PENDANT LA VIE DU VÉNÉRABLE J.-M.-B. VIANNEY

PAR

Mlle MARTHE DES GARETS D'ARS

> « La perfection des disciples est la
> joie et la couronne du maitre. »
> SAINT AMBROISE.

BOURG

IMPRIMERIE VILLEFRANCHE

1879

Nous déclarons, conformément aux prescriptions du droit ecclésiastique, qu'en employant le terme de *saint*, lorsque le nom du vénérable Curé d'Ars se rencontre dans notre récit, nous n'avons nullement l'intention de prévenir le résultat du procès de sa cause engagé devant les tribunaux de la sainte Eglise, et que d'avance, nous nous soumettons de cœur à la décision qui interviendra.

L'Auteur.

APPROBATION

Belley, le 1ᵉʳ juillet 1879.

MADEMOISELLE,

J'ai lu votre *Vie du Frère Jérôme*, et je m'empresse de vous remercier du plaisir et de l'édification dont je vous suis redevable. Le bon Frère dont vous avez si bien retracé les vertus, ne se distingue peut-être point par lui-même dans la foule de ces religieux qui servent l'Eglise et la France avec un dévouement d'autant plus admirable qu'il est plus souvent oublié ou méconnu ; mais le frère Jérôme était de cette première génération de la Congrégation des Frères de la Sainte-Famille qui, par son origine, appartient au diocèse de Belley, et par sa fidélité à sa vocation spéciale, ne cesse de faire honneur à son berceau. Vous avez accompli une bonne œuvre, Mademoiselle, en faisant connaitre cet Institut qui est déjà apprécié, en plusieurs diocèses, pour les services qu'il rend dans les écoles et les églises.

du ciel il doit bénir toutes paroles dites à sa louange!

Au reste, qui a élevé le frère Jérôme à une véritable perfection si ce n'est l'exemple de la sainteté du Curé d'Ars? Dieu, il est vrai l'avait préparé à cette grâce ineffable en le douant d'heureuses dispositions; mais quels progrès une âme ne fera-t-elle pas en voyant tous les jours, en étudiant à toutes les minutes la science du salut enseignée par un saint? Et le frère Jérôme a vécu à cette école, il en a écouté attentivement les leçons et y a puisé les règles de sa conduite. En retraçant les années de sa vie passées auprès de M. Vianney, nous montrerons donc que l'imitation du disciple répondait à l'exemple du maitre et nous ne séparerons point ces deux touchantes figures que Dieu avait rapprochées sur la terre et qu'il a réunies dans le ciel!

Le lecteur ne trouvera dans ces pages ni faits brillants, ni récits éclatants; il n'y verra que la simple histoire d'une âme qui, du berceau à la tombe, a été fidèle en tout et partout à son devoir.

Mais auparavant, et pour donner plus d'intérêt à notre récit, nous prendrons l'enfant, naissant à Rumilly où Dieu avait placé son berceau ; nous le verrons grandir à l'ombre du clocher de sa paroisse et venir ensuite abriter sa jeunesse à Belmont où Dieu lui avait préparé un autre berceau, celui de sa vocation! Nous suivrons le fervent religieux à Belley, à Grenoble et nous le retrouverons à Ars, dernière étape de sa vie de dévouement et de prières! Partout son souvenir est vivant, partout on parle de lui avec émotion et respect, et les témoins de ses vertus, ses frères en religion, et ses amis demandent que l'oubli ne recouvre pas le sillon creusé par sa sainte vie et ne s'étende pas sur une mémoire qui leur est chère!

Afin que le portrait ressorte mieux, nous le placerons dans un cadre, et nous verrons les commencements de la Congrégation où le frère Jérôme a vécu, et où il est mort.

Cet institut des Frères de la Sainte-Famille, humble et pauvre dans son origine, admirable dans son but et saint par ses constitutions, n'a pas besoin d'éloge ; le bien qu'il fait et les services qu'il rend disent assez que Dieu l'aime et le bénit, et rappeler son histoire à ceux qui la connaissent, l'apprendre à ceux qui l'ignorent est aussi le but de ce petit ouvrage.

Il nous semble que notre bon frère Jérôme ne nous pardonnerait pas de l'avoir sorti de son obscurité si la lumière dont nous allons éclairer sa tombe ne rejaillissait aussi sur sa seconde famille, et nous voulons au contraire qu'il bénisse ce modeste travail.

Puissent ces quelques pages répondre aux désirs des pèlerins qui viennent à Ars et qui demandent à entendre parler du frère Jérôme !

Puissent-elles le faire revivre dans la mémoire de ceux qui l'ont connu et apprendre ce qu'il était à ceux qui n'ont pas eu ce bonheur !

Puissent-elles le rendre un peu à celui qui était son directeur et son ami, et servir de modèle aux religieux, ses frères, qui, n'ayant pu contempler ses vertus, veulent au moins en respirer les parfums !

Et comme la reconnaissance est un devoir doux et facile, nous voulons avant de commencer, en payer le tribut à M. Léon Bouchage, vicaire de Rumilly et aujourd'hui curé à Saint-Cassin ; au Révérend frère Amédée, supérieur général de la Congrégation, et au frère Athanase, directeur de la maison d'Ars, qui tous les trois nous ont fourni les précieux renseignements et les touchantes attestations qui donnent à ce petit volume l'intérêt que le lecteur voudra bien y trouver !

Nous n'avons qu'un désir en écrivant ces pages, procurer la gloire de Dieu en édifiant les âmes, et nous voudrions pouvoir répéter à la fin de notre travail, le mot si confiant que le bon frère Jérôme disait avec la satisfaction d'un service rendu ou d'un devoir accompli : « Je crois que ça a bien fait plaisir ! »

VIE

DU

FRÈRE JÉROME

CHAPITRE PREMIER

Rumilly. — Belmont.

NAISSANCE DU FRÈRE JÉROME. — PREMIÈRES ANNÉES. — VOCATION.

Me voici, car vous m'avez appelé.
1er Rois iii. — 9.

Dans le courant de l'année 1820, alors que les pieuses foules accouraient à Annecy pour vénérer les reliques de l'apôtre du Chablais, une brave et sainte femme partait de Rumilly (1) et se mêlait au flot pressé des pèlerins. Elle se nommait Josette Monard et son mari, Baptiste Dunoyer. La naissance de sept enfants avait scellé leur union (2),

(1) Petite ville de la Haute-Savoie située au couchant d'Annecy.

(2) Ils se nommaient : Josette, Françoise, Péronne, Caroline, Balthazar, Roland et Claudine.

mais en même temps elle leur avait imposé une rude tâche dont la modestie de leur position leur faisait sentir tout le poids. Bien des fois déjà, cette pieuse famille avait fait le pèlerinage d'Annecy, et toujours elle en avait rapporté les plus douces impressions et les meilleurs souvenirs. Cette année-là, Josette fut particulièrement touchée du spectacle religieux dont elle était le témoin. Sentant augmenter sa dévotion à saint François de Sales, cette mère chrétienne demanda à Dieu un nouveau fils pour le placer sous la protection du saint Evêque. Sa prière fut exaucée, et un an après, le 5 juin 1821, elle mettait au monde un enfant qui fut nommé François, suivant le désir et la promesse de sa mère.... 19 ans plus tard, cet enfant de bénédiction entrait comme novice dans la Congrégation de la Sainte-Famille et devait être l'une de ses gloires sous le nom de frère Jérôme.

Baptiste et Josette étaient des époux modèles et des parents chrétiens. Ils élevaient l'âme de leurs enfants par l'exemple de leurs vertus, et nourrissaient leur corps avec le fruit de leur petit commerce. Dieu bénissait cet intérieur où la religion était aimée et honorée, et, dès sa naissance, il marquait le petit François d'un signe de prédilection. Comme il entrait dans ses desseins que cet enfant lui fût un jour consacré, il se plut à orner son âme et son corps de ces qualités aimables du premier âge qui deviennent des vertus dans la jeunesse.

Sa mère remarquait avec bonheur ces dispositions à la piété, et son regard maternel, plongeant dans l'avenir, lui révélait que son enfant serait le plus beau fleuron de sa couronne. Voulant connaître si François sentait en lui les germes d'une sainte vocation, elle lui demandait souvent : « François que veux-tu faire ? » Et toujours l'enfant répondait : « Oh! je ne sais pas, mais je ferai bien ce que le bon Dieu voudra! » Réponse admirable, qui trahissait déjà un complet abandon à la volonté de Dieu et une ferme résolution de ne pas l'entraver.

Ses parents n'étaient pas les seuls témoins des vertus naissantes de François; Dieu voulait que l'aurore, comme le déclin de cette vie si pure, fût illuminée par l'éclat d'une sainte figure, et que le curé de Rumilly, M. Simon (1), semât ce que le curé d'Ars devait recueillir.

(1) Voir Note n° I.

Les enfants étaient surtout l'objet des soins incessants de ce bon pasteur. En 1833, il fit venir des frères des Ecoles Chrétiennes pour les instruire. François, qui jusque-là avait fréquenté la classe de l'instituteur laïque, accourut bien vite à l'ombre de cet établissement religieux, et édifia ses maîtres à l'école, comme chez lui il consolait ses parents. M. Simon remarqua promptement que *cet enfant croissait en âge et en sagesse* (1), et il cultiva l'œuvre divine en le préparant lui-même à sa première communion.

Ce fut le 25 mai 1834 que François eut le bonheur de recevoir son Dieu pour la première fois. Il accomplit ce grand acte avec une ferveur extraordinaire. Ce jour-là, Dieu se donnait à 103 enfants; mais n'est-il pas permis de penser qu'à ce banquet, comme à la dernière Cène, il eut un disciple préféré, et que François, possédant son Maître dans son cœur, entendit son irrésistible appel?

Il y a des mystères d'amour, dans les âmes prédestinées, qu'il ne faut pas chercher à pénétrer, des émotions qui ne se définissent pas. Quoi qu'il

_____
(1) Saint Luc, II, 52.

en soit, ce qui se passa entre Dieu et François, au jour si doux de sa première communion, dut être bien céleste ; car, à partir de ce moment, l'enfant voulut la perfection, et Dieu l'attira vers lui par les saints désirs de la vie religieuse. Toute sa vie le frère Jérôme aima les souvenirs de cette journée à jamais mémorable. Il parlait avec reconnaissance des grâces que Dieu lui avait alors accordées et de la préparation du bon curé qui les lui avait méritées.

Deux ans après cette époque solennelle, en 1836, son père l'envoya à Lyon rejoindre son frère aîné qui s'y trouvait depuis quelques années. Celui-ci plaça François comme apprenti dans un atelier de soieries. Mais le commerce allait mal, et souvent l'ouvrier était renvoyé faute de travail. Ce fut là le sort de François et Dieu, qui veillait sur ce Benjamin de sa famille et de son cœur, permit ce manque d'ouvrage pour lui rendre l'air pur et sain de ses montagnes. Il en est des âmes comme des fleurs qui, transplantées dans un terrain qui ne saurait leur convenir, se fanent et dépérissent. Ainsi beaucoup d'âmes souffrent et languissent dans un milieu où le vice, en croissant, étouffe la vertu. Combien trouvent la mort dans cette atmosphère contagieuse ! François avait une nature privilégiée : il pouvait souffrir, mais il ne devait pas mourir. Il revint à Rumilly profondément dégoûté du monde, et, comme la colombe de l'arche, n'ayant pas su où reposer son âme dans ce déluge du mal, comme elle aussi il revenait sans souillure. Ce fut avec un bonheur immense qu'il retrouva les exemples de ses parents, les leçons de son curé et la piété de sa paroisse.

Son père, redoutant l'oisiveté, le plaça comme ouvrier chez Comoz, tailleur à Rumilly. Cet homme était sincèrement chrétien ; il avait reçu de très-bons principes dans son enfance, et il voulait que, chez lui, la religion et les bonnes mœurs fussent toujours en honneur. Dans un milieu si chrétien, François put donc continuer cette vie de famille si utile à l'âme et si douce au cœur et qui, bien loin de nuire au travail, l'encourage et le fortifie.

Les années de la jeunesse de François furent empreintes du même cachet de piété que celles de son enfance. Tel il avait été à l'époque de sa première communion, tel il fut chez le tailleur.

Il ne connaissait que deux chemins, celui de la maison paternelle et celui de l'église. Tous ses moments de liberté, il les passait ou chez les siens ou au pied du tabernacle; c'est surtout à l'ombre protectrice du sanctuaire qu'il venait souvent répandre son cœur et s'offrir à faire la volonté de son divin Maître. Tout son bonheur était d'assister aux offices et aux cérémonies de sa paroisse, et sa vie s'écoulait ainsi entre la prière et le travail, ignorant encore « ce qu'il fera », mais étant bien résolu « à faire ce que le bon Dieu voudrait. » Bien souvent aussi, François allait prier Notre-Dame de l'Aumône, dans la chapelle qui lui est dédiée et qui est située à quelques pas de Rumilly (1). Ce pèlerinage lui valut une des lumières bienfaisantes qui ont éclairé sa vie. L'enfant recourait à Marie dans toutes ses peines, l'adolescent venait à elle dans ses doutes et lui confiait ses incertitudes. Notre-Dame de l'Aumône consolait les unes et terminait les autres. Une prière de François obtenait une bénédiction de Marie, et le trésor de l'enfant s'augmentait de jour en jour, sans que la générosité de la Mère s'épuisât jamais !

Parmi ses sœurs, il en avait distingué une à laquelle il s'était attaché avec une affection toute

(1) Voir Note n° II.

particulière. Claudine (1) recevait les pieuses confidences de son frère, et, en échange, livrait à
celui-ci les secrets de son âme. C'est ainsi qu'un
jour ils formèrent ensemble la résolution « de
ne jamais se marier ni l'un ni l'autre, pour ne pas se
quitter et mieux servir Dieu. » Résolution sainte,
qui était l'augure de vœux plus saints encore, car
le jour approchait où le frère allait se séparer de
sa sœur pour encore « mieux servir Dieu, » et
briser tous les liens terrestres et éphémères de
ce monde, pour en contracter de célestes et d'im-
mortels.

Comme nous venons de le voir, Dieu faisait son
œuvre dans François. Après lui avoir donné ces
bonnes dispositions qui préparent l'âme, il lui envoyait ces attraits qui l'élèvent, et ces inspirations
qui la déterminent. Aussi, fixé sur sa vocation, il
n'eut plus à choisir que le lieu où il pourrait la
suivre. Il pensa un instant prendre l'habit fran-
ciscain : cette livrée de la pauvreté l'attirait, parce
que cinq enfants de Rumilly (2) l'avaient revêtue,
et en particulier un de ses parents. Mais Dieu ne

(1) Voir Note n° III.
(2) Voir Note n° IV.

l'appelait pas là. Il tourna ensuite ses regards vers
l'institut des Frères des Ecoles chrétiennes. Mais
dans cette milice non plus n'était pas sa voie. Alors,
pour terminer ses incertitudes, Dieu permit que
la lumière décisive lui vînt par l'intermédiaire
d'un de ses compagnons d'atelier.

Nous avons vu que son père l'avait placé chez
un maître digne de l'ouvrier qu'il lui confiait, et
que, dans cette pieuse maison, la vertu était enseignée aussi bien que l'état que l'on voulait apprendre. François, dont le cœur était sympathique
à tout ce qui était bien, se lia particulièrement
avec un de ses camarades nommé Jean Burnier.
Lorsque ce jeune homme, appelé aussi par Dieu,
quitta l'atelier pour aller à Belmont (1) où un autre ouvrier l'avait déjà précédé, il laissa François
profondément ébranlé par son exemple. Il ne
fallait plus qu'une circonstance pour que ce
troisième apprenti de Comoz devînt un novice des
Frères de la Sainte-Famille.

Cette circonstance, une lettre de Jean Burnier
la provoqua, lettre dans laquelle il encourageait

____

(1) Petite paroisse du canton de Virieu-le-Grand, à l'entrée
du Valromey. C'est dans cette paroisse que le frère Gabriel
fonda sa première maison.

son ancien camarade à le suivre, en lui faisant un tableau saisissant du bonheur dont il jouissait. Ce fut le coup de la grâce ; dès lors la nature fut impuissante à retenir François. En vain, son père voulut-il s'opposer au sacrifice, prétextant le peu de garantie qu'offrait la congrégation naissante ; l'enfant opposa l'appel de Dieu aux résistances paternelles et invoqua le secours de sa bonne mère pour les vaincre. Ses instances, auxquelles l'intervention maternelle vint ajouter son poids, obtinrent enfin le consentement de Baptiste, dont l'âme avait la foi du chrétien si le cœur avait la tendresse du père.

Et puis, à ce moment douloureux où il faut se séparer de tout ce que l'on aime ici-bas, Dieu donne de telles grâces de force et des consolations si douces, que chaque jour se renouvellent bien nombreuses ces immolations volontaires. François ressentit toutes ces faveurs divines ; il trouva de plus un allié puissant dans le guide de son âme, Monsieur Simon, qui l'avait soutenu et protégé pendant son passage en ce monde, et qui l'aida encore à aborder le port vers lequel ses conseils le dirigeaient. Toutes ces saintes influences hâtèrent l'heure du départ de François.

Il partait donc heureux, parce que, levant ses regards vers le ciel, il y voyait ces biens éternels que le Sauveur a promis à ceux qui abandonnent pour lui les biens périssables de cette terre. Mais que de larmes dans ses yeux, lorsqu'il les reportait sur ces chères montagnes, sur cette petite ville qu'il aimait comme toute âme aime sa patrie, sur cette maison à laquelle son cœur était comme rivé, sur son père qu'il vénérait, sur ses frères et sœurs que la nature avait faits ses compagnons inséparables, sur cette sœur devenue sa confidente et son amie, sur sa mère enfin, sa mère, le plus puissant des liens et la plus sublime des attaches, sa mère qui pleurait sans murmurer, qui souffrait sans se plaindre et qu'il chérissait si tendrement! François eut à soutenir cette lutte toujours sanglante, et la séparation fut cruelle pour lui et pour les siens. Cet adieu à sa famille, à sa demeure et à son pays fit couler bien des larmes, brisa bien des cœurs, mais n'amena aucune faiblesse dans ces âmes pleines de foi.

Si François pleura, Notre-Dame de l'Aumône ne l'ignora pas, car elle vit à ses pieds son enfant bien-aimé venir lui consacrer la consommation de son sacrifice, comme il lui en avait confié les angoisses... Ce fut alors qu'elle versa des trésors de grâce dans cette âme fidèle, alors qu'elle se montra Reine par la libéralité et Mère par la tendresse, et l'enfant se releva fortifié et consolé Combien dut être touchant ce dernier pèlerinage où il disait adieu aux souvenirs bénis de son enfance, et combien nous aimerions à savoir le colloque mystérieux qui se tint entre Marie et son serviteur! Mais pour ceux qui ont connu François, il est facile de le deviner. La Sainte-Vierge pouvait-elle ne pas bénir maternellement le fils qui l'aimait si tendrement et dont la dévotion à cette Reine du ciel fut le trait caractéristique?

L'église de Rumilly connut aussi les amertumes de son sacrifice. Il vint pleurer devant l'autel, se soumettre, prier et remercier. Du tabernacle, d'où était venu l'appel, sortirent aussi le courage et la consolation. François comprit, surtout à cette heure suprême, que Dieu n'abandonne pas ceux qui espèrent en Lui, et le 3 mars 1840, alors que Rumilly le donnait à Belmont, que ses parents le confiaient au frère Gabriel, celui-ci le recevait comme un père qui accueille un fils de plus, et comme un guide qui accepte un nouveau voyageur à conduire.

Dès les premiers jours de sa vie de communauté, François comprit la vérité de cette parole du Maître : « *Quittez tout et vous trouverez tout* (1). » Il avait quitté un père, une mère ; mais le frère Gabriel ne l'appelait-il pas « mon fils » ? Une famille ; mais les novices et les religieux qu'il trouvait à Belmont ne lui donnaient-ils pas le doux nom de Frère ? Un pays ; mais pour une âme qui veut le ciel, une maison religieuse n'en est-elle pas comme le portique ?

Oui, François ressentit tout ce bonheur, comprit ce *centuple* promis au détachement parfait ; et dans la joie de l'âme qui a remporté une victoire, dans le calme d'un cœur qui a traversé une tempête, il écrivait à ses parents, quelques jours après son entrée au noviciat : « Me voilà enfin dans la « carrière qui faisait depuis si longtemps l'objet « de tous les désirs de mon cœur. Désormais, dé- « barrassé de tous les autres soucis, je n'ai plus « d'ambition que de me consacrer tout entier au « service de Dieu, car lui seul peut combler tous « mes désirs. »

Le lecteur nous demande probablement ce

____

(1) Saint Math. xix, 28.

qu'était Belmont et quelle était la famille religieuse où François allait recevoir tant de bonheur
et donner tant de consolations. Nous allons essayer de répondre à cette question en faisant le
récit de la fondation de la Société des Frères de
la Sainte-Famille, fondation admirable qui mérite
le succès dont elle jouit maintenant.

CHAPITRE II

La Société des Frères de la Sainte-Famille.

SON FONDATEUR, LE FRÈRE GABRIEL TABORIN. — BUT
DE L'INSTITUT.

> Laissez venir à moi les petits enfants,
> car le royaume des Cieux est pour ceux
> qui leur ressemblent.
> ST-MATH. XIX, 14.

La Société des Frères de la Sainte-Famille,
comme toutes les œuvres saintes et solides, a eu
l'épreuve et la souffrance pour principe. Ses commencements laborieux et touchants, dont nous
allons écrire le récit, prouvent que Dieu voulait
l'enraciner profondément dans le sol fertile de
son Eglise. Pour cela, il suscita un homme humble, un homme selon son cœur.

Nous raconterons rapidement cette modeste
mais héroïque vie, et le frère Jérôme bénira plus

2

sûrement ces pages, si avant de dire les vertus du fils nous faisons connaître celles du père.

Le 1ᵉʳ novembre 1799, Dieu donnait aux montagnes du Haut-Bugey la gloire d'abriter l'enfant béni qui devait être plus tard l'instrument de sa volonté. C'est dans la petite paroisse de Belleydoux (1) qu'il naquit, loin du bruit du monde et dans l'obscurité de la condition la plus humble. Ses parents, profondément chrétiens, lui donnèrent un nom dont la signification se réalisa trop bien pour n'avoir pas été l'effet d'un heureux pressentiment ; ils le nommèrent Gabriel qui veut dire : homme de Dieu.

Gabriel Taborin eut une enfance si pure, une jeunesse si fervente que l'on reconnut bien vite les vues spéciales que Dieu avait sur lui. Formé à la vertu par les soins du bon Curé de sa paroisse, il devint l'édification de tous et l'exemple de ses condisciples, dans les deux pensionnats où on le mit successivement. En voyant sa piété croître chaque jour, ses qualités devenir des perfections, ses parents et ses maîtres n'hésitèrent pas à le

____

(1) Commune de 680 habitants, arrondissement de Nantua, canton d'Oyonnax.

destiner à l'état ecclésiastique. Mais Dieu avait
ses desseins et Gabriel, ses désirs. Lorsque Dieu
parle à une âme qui écoute, toutes les vues hu-
maines ne sont plus que de simples mirages.

Dieu disait au jeune homme que se consacrer à
l'éducation religieuse des enfants était une vocation bénie de Lui, que le service de ses autels
devait être pour son âme un attrait et un doux
ministère; et Gabriel résolut d'obéir à cet appel
d'en haut, qui correspondait à ses aspirations
intérieures.

Aujourd'hui, où le bienfait de l'éducation religieuse est répandu partout, on a de la peine à
se figurer le délaissement où se trouvaient alors
beaucoup de paroisses sous le rapport de l'instruction. Ce flambeau, si utile et si lumineux lorsqu'il est porté par la religion, brillait rarement
dans les campagnes où le brouillard de l'igno-
rance était épais. Les enfants ne pouvaient trouver des maîtres dans leurs parents, car le toit
de chaume de la maison paternelle n'abritait ordinairement qu'une pauvreté absolue et pas la
moindre science. La première communion les
réunissait bien autour de la chaire du catéchisme; mais, avant cet acte solennel, ils avaient

été privés de cette préparation lointaine de l'école religieuse, et cet avantage leur manquant encore après, la persévérance était bien incertaine. L'enfant se trouvait donc lancé dans la vie, exposé à ses périls, sans avoir une instruction qui l'éclairât et une éducation qui l'affermît dans la bonne voie.

Cette misère morale affectait profondément Gabriel, et bien souvent son âme dévouée rêvait d'y apporter un remède.

Une autre lacune frappait aussi sa nature ardente. Lui, qui voulait la gloire de Dieu en tout et partout, souffrait du dénûment de ses autels dans les églises de la campagne. Que de fois, en voyant la maison de Dieu ressembler plutôt à une chaumière qu'à un palais, le cœur de Gabriel s'était serré et avait senti un désir irrésistible de se consacrer au service des sanctuaires et de former des âmes à remplir avec lui ce ministère ! La voix divine trouva donc un fidèle écho dans Gabriel ; aussi changea-t-elle ses désirs ardents mais vagues, ses idées dévouées mais encore incertaines, en une vocation positive et irrévocable. Dès ce moment, il n'eut plus qu'une volonté, obéir, et un but, réaliser ses pieux projets. Ainsi qu'il le disait lui-même : « La pensée d'embrasser

« un genre de vie qui unît aux exercices de la vie
« religieuse l'éducation de la jeunesse, le soin de
« décorer les autels, et les autres fonctions secon-
« daires du culte » l'absorba uniquement et devint son idée fixe.

En attendant l'heure de suivre sa vocation, il
commença par remplir dans sa paroisse ce rôle
dévoué de sacristain et d'instituteur. Il y mit son
âme forte et énergique, son cœur ardent et généreux, et ce premier noviciat fut couronné de
succès.

Mais Dieu, qui ne veut pas *que la lumière reste
sous le boisseau* (1), permit que Mˢʳ de Chamond,
alors évêque de Saint-Claude, entendit parler de
Gabriel. Le prélat le fit venir auprès de lui pour
l'attacher à son service ; et, en étudiant cette
nature généreuse, il reconnut bientôt en elle les
marques d'une vocation solide. Comprenant que
Dieu voulait s'en servir pour jeter les fondements
d'une congrégation religieuse, il l'encouragea à
se préparer à cette mission aus i importante que
difficile.

Le moment de la décision arrivait donc pour

____

(1) Saint Math., v, 15.

Gabriel, l'heure de tout quitter sonnait pour lui ! Mais cet instant douloureux le trouva fidèle à la grâce, et si cette séparation fut une dure épreuve pour son cœur, elle ne fut pas une défaillance pour son âme. Il dit adieu aux siens avec courage et, allant se prosterner devant le Tabernacle qui contenait le Dieu de sa première communion, il versa un torrent de larmes, en adressant au ciel la double prière du sacrifice accompli et de la reconnaissance pour les grâces reçues.

Ce fut au mois d'octobre 1824 que Gabriel se donna à Dieu sans réserve et eut le bonheur de revêtir l'habit religieux. Cinq jeunes gens, qui avaient manifesté le désir de le suivre et de le seconder dans son œuvre, reçurent aussi la sainte livrée. Cette cérémonie eut lieu dans l'église des Bouchoux, paroisse voisine de Belleydoux. Dieu, qui se communique aux grandes âmes, imprima dans celle du frère Gabriel un souvenir si durable du bonheur intérieur qu'il avait ressenti ce jour-là, que pendant sa longue carrière il aimait sans cesse à en parler.

Revenant à Saint-Claude, cette petite phalange d'ouvriers de la bonne cause ne resta pas sans travail et réalisa vite, dans les écoles de la ville et dans la sacristie de la cathédrale, le but de son fondateur. Les débuts furent heureux ; tout allait bien au point de vue humain. Seul, Dieu, qui tenait dans ses mains la congrégation naissante, jugea que l'heure de l'épreuve était arrivée. Il envoya au frère Gabriel la plus cruelle de toutes, celle qu'il voulut ressentir lui-même au jardin des Oliviers, l'abandon. Ses compagnons, trouvant les occupations trop nombreuses et les devoirs trop pénibles, se retirèrent, et en le laissant seul, le mirent dans l'impossibilité de continuer son œuvre. La foi du fondateur, qui attendait tout de Dieu et rien des hommes, fut aussi forte que la croix était lourde. Il savait que les œuvres de Dieu, faites avec humilité, n'ont rien à craindre du temps et des évènements, et que l'épreuve ne fait qu'affermir leurs fondations ; tandis que celles du monde, élevées par l'orgueil, s'écroulent vite et deviennent une ruine éternelle avant d'avoir été un monument d'un jour. Aussi son âme soumise et résignée ne fit-elle entendre que cette humble et admirable parole : « Si cette « œuvre vient de moi, ce sera une œuvre mort- « née ; mais si elle vient de Dieu, il saura bien « la soutenir et la faire prospérer ! »

La suite prouvera que l'œuvre venait de Dieu ; mais, en attendant que le ciel en donnât de nouvelles assurances, Mgr de Chamond chargea le frère Gabriel d'une mission délicate dans la paroisse de Jeurre, près de Saint-Claude. Il s'agissait de rétablir de bons rapports entre le pasteur et le troupeau, et il fallut le tact et la patience de l'envoyé pour faire accepter et refleurir le rameau d'olivier. Ce rôle de paix ayant été rempli avec succès, le frère Gabriel, une seconde fois, crut atteindre le port de ses saints désirs. Pendant son séjour à Jeurre, six aspirants se réunirent encore à lui et formèrent un noviciat que le Prélat établit à Courtefontaine. Mais, comme le Maître avait été abandonné une seconde fois par ses disciples, le serviteur connut aussi les douleurs d'un nouveau délaissement.

Resté seul, le frère Gabriel ne se découragea pas. Comprenant que plus son œuvre serait éprouvée plus elle serait grande, il sentit augmenter sa foi et conçut le projet de l'établir dans le diocèse où il était né. Il quitta, non sans peine, celui de Saint-Claude, témoin de ses premiers combats, et il vint à Belley, en 1826, au moment où le zèle et l'habile administration de Mgr Devie faisaient renaître ce beau diocèse. Il se présenta devant le vénérable prélat et lui fit le récit de ses aspirations, de ses espérances et de ses douloureuses déceptions. Mgr Devie était un de ces hommes auxquels Dieu accorde la double connaissance de l'âme et du cœur, en même temps qu'il leur inspire la parole qui éclaire et qui console. Il accueillit donc le frère Gabriel avec cette science d'en haut qui lui révélait, dans ce pauvre religieux si humilié, une des futures gloires de son diocèse. En père il l'encouragea et lui promit sa protection, et, en maître éclairé, il l'avertit qu'il aurait encore bien des épreuves à supporter et que le calice de la douleur ne s'éloignerait pas de lui avant qu'il n'en eût épuisé l'amertume. Fortifié par ces encouragements et soumis d'avance aux souffrances que lui imposerait encore la volonté de Dieu, le frère Gabriel comprit que, si sa moisson était lointaine, elle était sûre ; et comme le cultivateur ne sème sa récolte que dans la saison propice, de même il voulut et sut attendre le moment favorable pour fonder son œuvre d'une manière définitive. Le frère Gabriel fut d'abord envoyé dans plusieurs paroisses pour faire le catéchisme, et partout on ne savait ce qu'il fallait le plus admirer en lui, ou de la ferveur du religieux, ou du zèle de l'instituteur. Avec ces deux qualités, il fit des prodiges qui, pourtant, ne parvenaient pas à le distraire de l'idée unique qui s'était emparée de lui.

Plein de confiance en la Providence, il acheta, en 1829, une maison à Belmont, dans le Valromey, et il y attira des élèves, en attendant des novices. Son pensionnat était déjà nombreux lorsque les évènements politiques de 1830 vinrent entraver ces nouveaux commencements. La maison fut fermée, d'après les conseils de Mgr Devie, et pendant que l'orage grondait sur la France et menaçait le clergé, frère Gabriel dut accepter une position dans le château hospitalier du baron de Montillet de Champdor. Si une existence douce et entourée de bien-être avait pu le rendre heureux, il l'aurait été; mais les jouissances de ce monde ne donnaient aucune satisfaction à cette nature généreuse, qui voulait au contraire le travail et la peine ici-bas pour gagner le repos du ciel. Aussi, dès que le calme fût rétabli, retourna-t-il bien vite dans sa chère maison où les souffrances du Calvaire et les douceurs du Thabor attendaient son âme de fondateur.

Le pensionnat se rouvrit, et les élèves y accoururent nombreux. Peu à peu des jeunes gens vinrent solliciter l'honneur de partager les travaux du frère Gabriel, et bientôt le toit de ce petit couvent de Belmont abrita une famille spirituelle, un père entouré des enfants qu'il avait tant désirés, et des enfants qui venaient chercher en lui un guide et un appui.

Le zèle du fondateur, la protection de Mgr Devie et la bonne direction de M. Gâche, curé de Belmont, fortifièrent cette communauté naissante et le prélat, heureux des progrès qu'il venait constater lui-même, donna l'habit religieux aux nouveaux frères, permit de prononcer les vœux de religion et approuva la règle si admirable préparée par le frère Gabriel et dont voici un extrait :

« Les frères de la Sainte-Famille se proposent
« avant tout la gloire de Dieu et leur propre sanc-
« tification. Ils peuvent se livrer, sous la sainte
« obéissance, à toutes sortes de bonnes œuvres
« par amour pour Dieu et pour le prochain ; mais
« le but principal et déterminé est : 1° d'exercer
« dans les villes et les campagnes les modestes
« fonctions d'instituteur primaire des écoles chré-
« tiennes, de chantre et de sacristain ; 2° de se

« vouer à la direction des pensionnats pour l'ins-
« truction primaire, et à celle des maisons d'asile,
« d'atelier et de détention. » (Art. 2 des Statuts.)
Monseigneur reçut les vœux perpétuels du frère
Gabriel et l'installa solennellement dans ses fonctions de supérieur général.

Dieu récompensait enfin l'humilité et la persévérance de son fidèle serviteur, et il lui envoyait
les deux consolations que réclamait son âme forte
et dévouée ; des ouvriers et du travail.

Plusieurs ecclésiastiques, voyant avec bonheur
l'essaim se grossir dans la ruche de Belmont, de-
mandèrent pour leurs paroisses le privilége d'en
jouir. Le pieux fondateur, exauçant leurs prières,
leur envoya ses premiers novices, devenus à son
école de fervents religieux.

C'est donc pour ce saint abri que François avait
quitté sa famille et Rumilly, et nous allons l'y retrouver pour jouir avec lui du bonheur que lui
réservait la vie religieuse.

CHAPITRE III

Bonheur du frère Jérôme dans la vie religieuse.

ÉPREUVES. — PAUVRETÉ DE LA COMMUNAUTÉ. — DÉPART POUR BELLEY.

> Que celui qui veut être mon disciple
> prenne sa croix et me suive.
> ST-MATH. XVI, 24.

Le bonheur de François Dunoyer était immense; il le sentait, il le disait, et pourtant aux élans de sa joie pure, on répondait par des plaintes profanes; non pas ses parents, mais le monde. A Rumilly on disait avec compassion : « Pauvre enfant, pauvre jeune homme! » Comme si, au contraire, François n'avait pas laissé les tristesses pour les véritables joies, et ce qui passe pour les trésors éternels ! Aussi, avec une sainte indignation contre ceux qui le plaignaient : « Je

« vous assure, écrivait-il à ses parents, que nous
« (Jean Burnier et moi) avons grand pitié de ces
« personnes qui nous plaignent dans notre pays.
« En vérité, si l'on se faisait une véritable idée
« du prétendu malheur que j'ai d'être ici, j'aurais
« bientôt plus de compagnons que le couvent n'en
« pourrait contenir. Priez donc ces bonnes gens;
« suppliez-les, de grâce, de n'être plus en peine
« de nous, non plus que si nous n'étions plus au
« monde. »

Et pour donner plus de force à la défense de
sa cause, il ajoutait un cri d'appel à ce chant de
bonheur. Le monde veut retenir, empêcher les
vocations, et François au contraire les suscite, les
inspire et voudrait attirer à lui ses amis et ses
compagnons pour leur faire partager sa joie : « Si
« vous connaissiez, écrit-il à ses parents, quelques
« jeunes gens qui eussent du goût pour la vie re-
« ligieuse, vous leur rendriez grand service de les
« engager à venir partager mon bonheur, et ils
« n'auraient pas lieu de se repentir de leur dé-
« marche ; au contraire, ils béniraient toute leur
« vie la main qui les aurait conduits au couvent. »

Ces citations disent assez quels sentiments animaient le cœur de celui qu'avec ses frères en re-

ligion nous n'appellerons plus désormais que le frère Jérôme. En lisant on ne peut s'empêcher de trouver avec lui « qu'il était enfin dans sa carrière » et il montra dès lors, comme il devait le prouver dans l'avenir, « que Dieu seul pouvait combler tous ses désirs. »

Sa piété et sa générosité transformèrent, dès les premiers jours, le postulant en fervent novice. En effet, pour lui, le monde et ses joies avaient expiré sur le seuil de la porte de Belmont, et il était entré dans l'arène de l'abnégation et du sacrifice avec une entière bonne volonté.

Nous en trouvons un témoignage certain dans la notice qu'écrivait à sa mort le supérieur de la Congrégation de la Sainte-Famille, le frère Amédée, successeur du frère Gabriel. Ces lignes prouvent à quel point sa vertu était une consolation pour ses supérieurs et un exemple pour ses frères. « Il se présenta à Belmont, siége de notre « Institut naissant, le 3 mars 1840. Admis au No- « viciat où j'étais entré moi-même depuis peu de « jours, il nous eut bientôt montré qu'en le rece- « vant, la Congrégation s'était enrichie d'un tré- « sor d'humilité et de charité. On remarqua dès

« lors qu'il portait jusqu'au scrupule l'amour du
« devoir. »

« Jusqu'au scrupule » : nous retrouvons la
même affirmation dans les notes que son directeur, le frère Athanase, avait écrites sur ce cher
compagnon de ses labeurs et de ses travaux. Il
dit aussi : « Frère Jérôme est arrivé à Belmont,
« où était alors la maison-mère de notre Congré-
« gation, le 3 mars 1840. Admis immédiatement
« à commencer son noviciat, il se fit tout de suite
« remarquer par son obéissance, son humilité, sa
« charité, et surtout par un amour du devoir
« poussé jusqu'au scrupule. De si admirables dis-
« positions lui méritèrent la faveur de recevoir
« l'habit religieux avant la fin de son année de
« noviciat. Il le reçut le 28 octobre 1840. »

Du reste, tous les témoignages confirment cette
ardeur apportée par le jeune novice à l'accomplissement des devoirs de son saint état. Son âme,
heureuse de se soumettre à une règle, en em-
brasse l'observance avec cette docilité qu'il « portait jusqu'au scrupule ». Son cœur, dévoré par le
besoin incessant d'aimer et de servir Dieu, se
jetait avec bonheur au devant des épreuves, et
c'est pour cela que ses supérieurs et ses amis nous

disent qu'il « poussait cet amour jusqu'au scrupule ». Cette parole n'est-elle pas le plus bel éloge que l'on puisse faire d'une âme ? N'est-ce pas dire que son humilité appréhende de ne pas bien faire, et que sa générosité craint toujours de ne pas faire assez ?

Cet éloge était vrai et mérité. Aussi le frère Gabriel remerciait Dieu de lui avoir envoyé un tel disciple, et la communauté entière l'admirait et était édifiée de tant de vertu. C'est qu'il ne fallait pas un courage ordinaire pour supporter les épreuves de ce premier couvent de la Congrégation. Dieu semblait se plaire à le laisser dans un dénûment complet et à lui faire subir les angoisses d'une pauvreté extrême. Mais les souffrances réjouissent les grandes âmes, et les frères de Belmont, formés par les solides enseignements du fondateur de leur société, trouvaient que, malgré les peines de chaque jour, *le joug était doux et le fardeau léger* (1).

On attendait l'épreuve sans inquiétude ; on la supportait sans tristesse, et on remerciait Dieu de manifester ainsi son amour pour l'Institut nais-

______

(1) Saint Math. xi, 30.

sant. Aucun religieux ne songeait à se plaindre et tous portaient leur croix avec bonheur. Celle du frère Gabriel était la plus lourde; elle pesait sur lui d'un double poids, car il était en même temps et fondateur et père. Mais ses enfants, par leur énergie et leur obéissance, étaient pour lui de véritables *Cyrénéens*.

La maison était devenue trop petite pour la communauté, et il fallut faire des prodiges de combinaisons pour que chaque membre pût y trouver un abri. Les dortoirs ne ressemblaient en rien à un lieu de repos; les étroites dimensions du logement obligeaient à resserrer ce que la pauvreté forçait à appeler des lits. Et qu'étaient-ils ces lits? De simples tréteaux qui soutenaient des planches et des paillasses! et encore, nous disent les notes recueillies sur les origines de la Société, « ces tréteaux étaient tellement serrés les uns « contre les autres, qu'une planche verticale sé- « parait la tête des pieds du voisin, et que pour « aller à sa place à l'extrémité de la pièce, il « fallait passer sur ceux qui étaient à l'entrée. » (Frère Athanase.)

Cependant, les frères dormaient bien sur ces grabats si misérables. La paix de l'âme écartait les insomnies qu'aurait pu causer la dureté de ces couches ; et le matin comme le soir, la joie du sacrifice leur faisait rendre grâces à Dieu de ce sévère repos de la nuit après les fatigues du jour ; car, le jour aussi était rude à passer, et souvent les frères devaient jeûner, si les aumônes dont ils vivaient, venaient à leur manquer.

C'était le frère Gabriel qui tendait la main pour sa famille. Il avait consacré sa petite fortune à l'achat de la maison, et il était obligé de demander à la générosité publique la vie de ses enfants et les moyens de continuer son œuvre. Quelques postulants apportaient bien de petites ressources ; mais qu'était-ce en face des besoins toujours renouvelés et devant le nombre toujours plus grand des habitants de cette sainte maison ?

Voilà les richesses et les joies que trouva frère Jérôme en arrivant à Belmont. C'étaient celles que recherchait son âme et que désirait son cœur ; aussi en goûta-t-il les mystérieuses saveurs. Avec ses frères et comme eux, il supporta cette dé-tresse joyeusement et courageusement, se souve-nant que le Maître avait placé la pauvreté au rang des béatitudes.

Malgré cette résignation et toute la bonne volonté possible, le jour vint où le frère Gabriel fut obligé de constater l'insuffisance de sa maison pour le nombre de ses religieux, et par attrait, il tourna ses regards du côté de Belley. Il voulait se rapprocher de l'Evêque qui l'avait si bien protégé et placer sa communauté sous ce patronage dévoué. Il fit donc dans cette ville l'acquisition d'une maison plus spacieuse que celle de Belmont, et il se disposait à y transférer sa pieuse colonie lorsqu'un évènement imprévu annula l'acte d'achat. On juge sans peine de l'embarras et des perplexités immenses du pauvre fondateur. Belmont allait recevoir son nouveau propriétaire, et il fallait se hâter de lui céder la place; d'un autre côté, Belley n'offrait plus aucun abri : ses enfants allaient donc se trouver sans asile !

Cependant, si la peine du frère Gabriel était grande, sa confiance en Dieu était plus grande encore. Il n'avait pas donné en vain le nom de Sainte-Famille à son œuvre, et Jésus, Marie, Joseph, la Sainte-Famille par excellence n'avait-elle pas erré dans les rues de Bethléem ? N'avait-elle pas vu se fermer devant elle les portes des maisons pour ne trouver ouverte que celle d'une étable ?

Le saint fondateur comprit que le disciple ne devait pas être mieux traité que son Maître. Sans se décourager, et avec cette énergie indomptable que nous lui avons vu déployer dans toutes ses épreuves, il chercha un refuge à Belley pour y fixer sa Congrégation.

Ses recherches allaient être infructueuses lorsque la charité de Mgr Devie vint à son secours. Le prélat ne pouvait offrir qu'un abri bien étroit; mais il le mit à la disposition du frère Gabriel avec cet empressement qui double le prix d'une bonne œuvre. Cet abri consistait en une petite maison qui servait de jardin d'hiver à l'évêché. Le supérieur accepta pour lui et les siens ce simple pied-à-terre, heureux encore d'avoir un toit pour abriter sa pauvreté, et reconnaissant envers le saint Evêque qui donnait cette nouvelle preuve de son intérêt pour cet institut si éprouvé dans ses commencements, et qui devait être si florissant dans la suite.

La communauté quitta donc Belmont. Ils étaient plus de quarante religieux. Ce fut avec des regrets sincères qu'ils dirent adieu à ces murs bénis, dont l'image resta à jamais gravée dans l'âme des premiers frères de la Sainte-Famille. Le nom de

Belmont leur rappelle des souvenirs ineffaçables parce qu'ils sont liés à la mémoire si aimée de leur fondateur et père. Belmont sera toujours pour eux la maison paternelle, cette maison que le corps peut quitter, mais où le cœur a fixé sa demeure à jamais. Pour les générations de frères qui se succèdent, Belmont conservera éternellement cette auréole d'amour et de respect qui rend saint et sacré le berceau de la famille.

Notre frère Jérôme emportait de Belmont la sainte livrée qu'il était venu y chercher; il était revêtu de l'habit religieux depuis le 28 octobre, et son bonheur était sans égal. Il ne craignait plus rien du temps et des hommes; il ne redoutait ni les épreuves, ni les souffrances. Il était vraiment le frère Jérôme : que lui importait le reste !

Le voyage de Belmont à Belley fut pénible, et l'installation non moins douloureuse. Mais écoutons le récit que nous en donnent les notes pleines d'intérêt du frère Athanase :

« On vint de Belmont à pied, portant les meu-
« bles et ustensiles composant le mobilier de la
« communauté.

« Le jardin d'hiver donné, comme asile, par
« Mgr Devie aux frères à leur arrivée à Belley, se

« composait d'un sous-sol ou cave où furent in-
« stallés le réfectoire et la cuisine ; d'une salle au-
« dessus qui, partagée par un paravent, servit de
« salle d'étude et de réunion, de chapelle et de
« chambre à coucher au supérieur et à l'aumô-
« nier, et d'un galetas sans planches sous les
« tuiles. On jeta de la paille sur le plancher in-
« férieur, et ainsi agencé, le galetas devint le
« dortoir de la communauté. C'était vers la mi-
« septembre, les nuits devenaient fraîches ; mais
« personne ne pensait à se plaindre, tous au con-
« traire étaient d'un entrain et d'une gaieté admi-
« rables.

« On fit la retraite générale dans ce pauvre ré-
« duit ; plusieurs novices y prononcèrent coura-
« geusement leurs vœux religieux. »

Un mois se passa dans cette petite demeure ; un
mois, pendant lequel bien des sacrifices furent
envoyés au ciel pour retomber en pluie de grâces
sur ces âmes généreuses. Le frère Jérôme ne re-
cula devant aucun acte de vertu ; il avait soif
d'immolation et se préparait par un perpétuel
renoncement à sa profession religieuse.

Cette petite maison vient de subir une nécessaire et heureuse transformation ; mais les ré-

parations qu'on y a faites ne lui ont pas enlevé les touchants souvenirs du séjour des premiers frères de la Sainte-Famille. Dans sa dernière visite à Ars, Mgr Marchal nous les a rappelés avec bonheur. Les paroles émues et pleines de charme avec lesquelles le Prélat évoquait la mémoire des vertus et des souffrances de ces admirables religieux, nous ont prouvé qu'il était heureux de penser qu'on avait vu éclore et germer dans son jardin ce grain précieux d'une Congrégation qu'il aime et qui, comme le diocèse de Belley, est heureuse de l'avoir pour Evêque et pour Père.

Pendant que ses enfants priaient, souffraient et se stimulaient dans la pratique de toutes les vertus, le frère Gabriel continuait à chercher un logement sinon confortable, du moins suffisant. Il le trouva enfin, et eut la consolation d'y établir sa famille. Les notes suivantes nous disent ce qu'était cette nouvelle habitation :

« La maison acquise à Belley, à laquelle été
« jointe une autre donnée par Mgr Devie, ne valait
« guère plus que le jardin d'hiver de l'Evêché.
« Une cave, dont on agrandit les ouvertures exté-
« rieures, devint le réfectoire ; la chambre la plus
« spacieuse, dans l'alcóve de laquelle on établit

« un autel, devint la chapelle. Les murs de cette
« maison étaient tellement lézardés qu'au dortoir
« en particulier on était obligé de boucher les
« fentes avec ses habits pour se garantir de l'air
« et du froid ; ces dortoirs étaient si petits que
« les lits se touchaient, et ils n'avaient qu'une
« paillasse garnie de paille de froment. » (Frère
Athanase.)

La misère était aussi grande qu'à Belmont,
et l'auteur des notes déjà citées nous dit encore : « Lorsqu'à Belley on connut la pau-
« vreté de la communauté, les fournisseurs ne
« cédèrent les choses de première nécessité qu'au
« comptant. Il arriva assez souvent que l'argent
« manqua et que le dîner de la pauvre commu-
« nauté s'en ressentit, mais on n'y prenait pas
« garde. Une pauvre domestique, élevée dans la
« maison paternelle du fondateur, et qui n'avait
« jamais voulu le quitter, devenait la pourvoyeuse
« de la maison dans ces moments de détresse ; elle
« allait mendier et revenait préparer le repas
« avec ce qu'elle avait recueilli. Je la vis un jour
« pleurer, et lui en ayant demandé la cause, elle
« me montra six sous que le supérieur venait de
« lui donner ; c'était tout ce qu'il possédait, et il

« fallait avec cela nourrir une trentaine de per-
« sonnes. Elle eut recours à sa ressource ordi-
« naire et personne ne s'aperçut de rien. La foi
« du fondateur, sa confiance dans la Providence,
« se communiquaient à tous ; personne pas plus
« que lui ne s'inquiétait de l'avenir. » (Frère
Athanase.)

L'avenir devait leur donner, en effet, la récompense de tant de privations, car il est dit que *l'on
moissonne dans la joie ce que l'on a semé dans
les larmes !* (1)

Nous n'avons pas cru interrompre le récit de la
vie du frère Jérôme en nous étendant sur les
commencements de sa famille, et en faisant ces
citations dues à la plume de son frère d'âme et
ami de cœur. C'était mettre sous les yeux du lecteur le champ de bataille où il livrait son pacifique combat avec ses courageux compagnons
d'armes. Puisse ce tableau faire mieux ressortir
cette douce et humble figure! Plus tard et à mesure que nous avancerons dans ce récit, elle nous
apparaîtra toujours plus sainte et finira par réaliser le type du bon religieux.

(1) Ps. cxxv, 6.

CHAPITRE IV

Profession religieuse.—Vertus du frère Jérôme

SA PIÉTÉ, SON HUMILITÉ, SON OBÉISSANCE,
SA CONFIANCE EN DIEU.

> Je m'acquitterai de mes vœux
> envers le Seigneur, en présence
> de tout son peuple.
> Ps. cxv, 18.

Nous retrouvons donc le frère Jérôme ne s'oc-
cupant, à Belley comme à Belmont, qu'à procurer
la gloire de Dieu par la pratique incessante de
toutes les vertus, et par un dévouement à toute
épreuve pour sa chère congrégation. Cette fermeté
du chrétien dans la voie étroite qui conduit au ciel,
et cette constance du religieux en face des peines
de chaque jour, sont un héroïsme que le monde
ne connaît pas, et surtout qu'il ne comprend pas ;

ou s'il le soupçonnait, il n'aurait que des paroles
de pitié pour ce qu'il appellerait de la folie. Mais
frère Jérôme n'était pas du monde, et cette sainte
folie était son bonheur. Cet héroïsme, connu de
Dieu, qui peut seul l'inspirer, lui méritait de ces
faveurs célestes et de ces grâces divines qui font
les anges. Chaque jour, en renouvelant les épreuves, lui apportait une somme nouvelle de félicité,
et il l'écrivait à sa famille de Rumilly, que celle
de Belley ne lui faisait point oublier. « Il me serait
« difficile, dit-il dans une lettre du 24 janvier
« 1841, de vous exprimer le contentement que
« j'éprouve dans la congrégation de la Sainte-
« Famille. Ce contentement augmente chaque
« jour ; je bénis à tout instant la Providence de
« m'avoir fait connaître combien il est doux d'ai-
« mer et de servir Dieu en religion. Si mon frère
« Roland le comprenait comme moi, il quitterait
« bien vite son cheval, sa voiture, ses sacs de blé,
« il quitterait Rumilly, il se quitterait lui-même,
« et dans trois jours il serait à Belley dans notre
« couvent, et il ne regretterait pas d'être venu.
« C'est un frère et un ami qui parle, et du reste,
« en se faisant religieux, il ne ferait qu'imiter son

« patron saint Roland (1), qui préféra toujours la
« solitude aux plaisirs, et les biens du ciel à ceux
« de la terre. »

Ce zèle pour gagner des cœurs à Dieu, qu'é-
prouvent toutes les personnes qui ont quitté le
monde pour Jésus-Christ, le frère Jérôme le ressentait si vif et si fort qu'il aurait voulu, par le
tableau de sa félicité, déterminer toutes les vo-
lontés et entraîner toutes les âmes sur les pas de
son divin Maître. Il ne cessait par ses lettres de
répéter à ses amis le *Sequere me* que le Sauveur
adressait à ses disciples, et en parlant d'un jeune
homme qu'il attend impatiemment, il assure que
« s'il savait le bonheur qu'on a d'être en religion,
« il ne tarderait pas un seul instant d'y entrer ; »
puis il ajoute : « Si vous connaissez des jeunes
« gens qui aient du goût pour la vie religieuse,
« encouragez-les à venir partager mon bonheur. »

Mais, comme le dit l'Evangile, il y en a *beaucoup d'appelés mais peu d'élus* (2), et frère Jérôme

______

(1) Prince anglais qui quitta sa famille et son pays pour venir servir Dieu dans le monastère de Chézery, aujourd'hui
paroisse du diocèse de Belley. En 1170, il fut élu abbé du
monastère à l'unanimité des suffrages. Ce saint est invoqué
dans les temps de sécheresse et pour la guérison des maux
d'yeux.

(2) St. Math. xx, 16.

voyait bien souvent ses appels demeurer sans réponse. Roland, ce frère tant désiré, devait suivre
une autre carrière et s'attirer les bénédictions de
Dieu en remplissant d'autres devoirs. Il épousa
une jeune fille de Rumilly, Marie Charvin et, suivant les pieuses traditions qu'il tenait de ses parents, il éleva ses enfants dans un tel amour de
la religion que deux de ses fils devinrent l'honneur de cette famille chrétienne en entrant dans
le sacerdoce.

Dieu, cependant, ne ménageait pas les épreuves
à son serviteur ; et ce scrupule, que nous avons
révélé d'après les notes de ses supérieurs, commençait à le faire beaucoup souffrir. Il était si
ouvert, si confiant dans ses lettres à ses parents,
qu'il leur faisait part de toutes ses misères. « Le
« scrupule, leur disait-il, me fait la guerre depuis
« quelque temps, mais notre bon supérieur fait
« tout ce qu'il peut pour me corriger. Du reste, il
« paraît assez content de moi malgré que je ne le
« mérite pas. »

La maladie abat son corps ; mais elle n'enlève rien
de l'énergie de son caractère, et il parle en ces termes de ses souffrances : « J'ai eu un mal de jambe
« que je conserve encore ; il me fait marcher tout

« boiteux. Mais ce qui me console, c'est que ce
« n'est pas un défaut d'âme. »

Non, en effet, les *défauts d'âme* n'existaient pas
dans cette nature éminemment droite, et nous
croyons intéresser le lecteur, en laissant encore
parler ceux qui ont été les témoins et les admi-
rateurs de cette sainte vie. Mieux que nous, ils
sauront dire la piété du modèle et l'édification
des imitateurs. Le frère Amédée écrivait donc ces
lignes dans la notice déjà citée :

« Employé à la couture, le frère Jérôme s'ap-
« pliqua à ce travail avec la bonne volonté et le
« zèle qu'il sut mettre dans tout ce que l'obéis-
« sance lui confia. Il eût cependant préféré être
« appliqué aux études classiques : mais il ne
« laissa pas paraître même l'ombre de ce désir.
« Il se mit de tout son cœur à son emploi, et c'est
« seulement bien des années après que, dans un
« moment d'abandon, il a parlé du sacrifice qu'il
« avait eu à faire en cette circonstance.

« Il aimait la prière et y vaquait autant que ses
« occupations le lui permettaient. Dieu se plut
« souvent à nous montrer qu'il avait ses suppli-
« cations pour agréables. Ainsi en fut - il dans
« diverses circonstances difficiles où notre révé-

« rend père fondateur l'envoyait à la chapelle
« prier selon ses intentions. Quelquefois, le jour
« même nous apprenions que les prières du cher
« frère Jérôme étaient exaucées. »

« A l'esprit de prière, qu'il a conservé jusqu'à
« la fin de sa vie, il joignait à un haut degré la
« vertu de charité, qui le faisait s'oublier lui-
« même pour être à tous, et qui devait lui valoir
« le titre de *bon* dont nous aimions tous à faire
« précéder son nom. C'était pour lui une sorte
« de besoin de rendre aux autres quelque bon
« office, et il n'était jamais plus heureux que
« lorsque, après s'être dépensé au profit de quel-
« qu'un, il pouvait lui dire : « Ça lui a fait bien
« plaisir. »

« Tel se montra le frère Jérôme pendant près
« de quatre ans qu'il resta à la maison-mère;
« mais ces vertus et ces heureuses dispositions ne
« firent que s'accentuer de plus en plus le reste
« de sa vie. »

Ce qu'affirme le supérieur, l'ami l'atteste aussi,
et le frère Athanase nous cite cet exemple de
la puissance du frère Jérôme sur le cœur de Dieu:
« Un jour entr'autres, notre révérend père fon-
« dateur l'avait député à la chapelle pour deman-

« der l'arrivée de quelques postulants ; il y avait
« longtemps qu'il n'en était pas venu et le soir
« même il en arrivait trois. »

Ces témoignages nous suffisent pour nous apprendre ce que dut être la profession religieuse du
frère Jérôme. Si nous n'avons point de détails
sur ce beau jour, nous ne pouvons néanmoins
douter qu'il n'ait été une belle fête pour le ciel et
pour l'âme du fervent religieux, pour le ciel, d'où
les anges lui souriaient comme à un frère, et pour
l'heureux profès qui annonçait ce solennel évènement à sa famille par un cri de joie et de reconnaissance : « J'ai eu le bonheur d'être reçu dans
« la Congrégation ! et je vous dirai que je préfère
« la vie religieuse à tous les trésors du monde ! »

A partir de ce moment, les signatures de ses
lettres confirmèrent l'acte de son immolation.
François Dunoyer était devenu frère Jérôme par
le cœur et par l'habit. Il ne voulut plus rien du
monde, pas même le nom sous lequel il y était
connu. Pourtant, il ajoutait à celui de frère Jérôme ces deux mots : « né Dunoyer, » comme s'il
eût voulu prouver que la religion et la famille
sont deux choses sacrées qui ne se séparent point.

Peu de temps avant sa profession, il avait annoncé à Rumilly que Jean Burnier avait fait ses vœux et se nommait frère Lucien. Ces deux amis, avaient donc contracté un lien de plus en devenant frères dans cette sainte famille religieuse.

Cependant un souci vint, non pas altérer, mais un peu troubler ces douces joies. Le temps de la conscription était arrivé pour le frère Jérôme, et ce soldat de Jésus-Christ se voyait menacé de quitter le service où il était si heureux, pour celui de son pays. Inquiet, il écrivit à ses parents qu'il appartenait à l'institut de la Sainte-Famille, et que, dans le cas où l'on voudrait l'en arracher, il ferait valoir des motifs de réforme ; mais l'inquiétude ne fut que d'un instant, et bien vite sa confiance en Dieu lui fit ajouter : « Après tout, il n'arrivera que ce que Dieu voudra : *que sa sainte volonté s'accomplisse!* (1) » Et comme Dieu le voulait tout pour lui, il accorda un bon numéro qui calma toutes les craintes de son serviteur. Celui-ci en fut profondément heureux et témoigna sa reconnaissance par un redoublement de piété et de ferveur.

Son attachement à sa chère Congrégation ne

____

(1) Saint Math. XXVI, 42.

connut plus de bornes. Il avait pour elle l'amour d'un enfant et le dévouement d'un frère. Aussi quelle ne fut pas sa joie à la vue des bienfaits signalés dont elle fut comblée pendant cette année-là! Les consolations, arrivées après tant d'épreuves, étaient bien, en effet, des récompenses visibles accordées par Dieu à la sublime résignation du fondateur et à la constance admirable de la communauté. Comme nous avons initié le lecteur aux souffrances qui avaient fait germer l'Institut dans le sol du Calvaire, nous devons lui apprendre aussi les joies qui allaient le faire croître dans celui du Thabor.

Voici en quels termes le frère Jérôme s'en exprime à ses parents : « Cinq frères ont tiré au sort « cette année et tous ont eu de bons numéros : l'on « peut bien dire que *le doigt de Dieu est là* (1). « De plus, le Supérieur est allé à Rome ; il a « obtenu du Pape l'approbation de l'institut. Le « Pape a béni la Congrégation et lui a accordé « des priviléges et des indulgences. Le Supérieur « est aussi allé trouver le Roi à Turin et il a ob-« tenu tout ce qu'il demandait. »

____

(1) *Exode*, VIII, 19.

Mais pour faire un récit plus détaillé de ces fa-
veurs si importantes pour les frères de la Sainte-
Famille, nous le puiserons dans la notice du frère
Amédée sur le frère Gabriel.

Voici le passage où il parle des approbations
indiquées dans la lettre du frère Jérôme : « Jus-
« qu'alors notre Congrégation n'avait été approu-
« vée que par Mgr l'Evêque de Belley, et comme
« elle se répandait dans d'autres diocèses, notre
« R. P. Supérieur songea à en demander l'appro-
« bation au Souverain-Pontife. Muni des recom-
« mandations de Mgr Devie et de Mgr Billiet, ar-
« chevêque de Chambéry, il se rendit à Rome
« pour la solliciter. Sa demande fut accueillie
« par le pape Grégoire XVI (1), et après un long
« et sérieux examen de la Congrégation des
« Evêques et des Réguliers, Sa Sainteté accorda
« le 25 août 1841, un bref, par laquelle Elle
« *approuve et confirme par son autorité apos-*
« *tolique la pieuse Société des frères de la*
« *Sainte-Famille*, en déclarant qu'Elle s'est
« *grandement réjouie, dans le Seigneur, de*
« *trouver un nouvel appui dans les membres*

______

(1) Pape de 1831 à 1846.

« *de cette Congrégation, qui ont choisi la plus*
« *humble part, celle de former les enfants à la*
« *piété, de leur apprendre les premiers élé-*
« *ments des sciences, surtout d'être prêts à se-*
« *conder MM. les curés et de se consacrer en*
« *outre, dans les lieux où ils seront appelés, à*
« *d'autres œuvres de religion et de charité.*
« (Extrait du bref d'approbation.)

« Notre R. P. Supérieur fut comblé de joie en
« voyant sa Congrégation recevoir la plus haute
« sanction que puisse obtenir une œuvre, celle
« d'être reconnue et approuvée par l'Eglise. La
« pensée lui vint alors de la faire reconnaître
« aussi par le roi de Sardaigne, sous le gouver-
« nement duquel était la Savoie, où nous avions
« déjà un certain nombre d'établissements. Sa
« démarche fut couronnée d'un plein succès. Le
« roi Charles-Albert (1) l'accueillit avec bonté,
« et donna à l'Institut des frères de la Sainte-
« Famille une existence légale dans les Etats-
« Sardes par des lettres patentes du 31 mai 1842.
« L'année suivante, le frère Gabriel obtint du
« même souverain, comme complément de la

______

(1) Roi de Sardaigne de 1831 à 1849.

« reconnaissance légale, la dispense du service
« militaire pour les sujets sardes faisant partie
« de notre Congrégation.»

On comprend de quelle importance éaient ces
démarches du frère Gabriel, et combien leur succès assurait celui de l'Institut. On comprend aussi
le bonheur que dut éprouver le fondateur en
récoltant la moisson qu'il avait semée avec tant
de peine et arrosée de ses sueurs. Il avait compté
sur la Providence, et nous l'avons vu accepter les
épreuves avec une foi inébranlable, les regardant,
non pas comme des motifs de découragement,
mais, au contraire, comme les assises sur lesquelles il devait bâtir son œuvre, et comme la
garantie la plus sure de sa durée. Dieu fut aussi
généreux que l'ouvrier de sa cause avait été constant, et jugeant que le moment de la consolation
était arrivé, il permit les deux approbations qui
jetèrent sur l'Institut le double bienfait de la
lumière et de la sécurité.

La Congrégation entière rendit grâces à Dieu ;
car la joie du père était celle des fils, et l'union
était si parfaite parmi les membres de cette famille religieuse, que l'on pouvait dire d'eux

comme des premiers chrétiens : *Ils n'avaient qu'un cœur et qu'une âme* (1).

L'avenir était assuré par les souffrances du passé ; aussi le présent fut-il sanctifié par une piété plus grande encore, et par un dévouement plus absolu. Le frère Jérôme, qui avait été un fervent novice, devint un plus parfait religieux ; ses vertus brillèrent d'un nouvel éclat, et on ne savait laquelle on devait le plus admirer en lui : son obéissance était la consolation de ses maîtres, sa charité le bonheur de ses frères, son humilité, qui toujours lui faisait choisir la dernière place, l'élevait aux yeux de toute la communauté, son amour pour Dieu lui donnait l'ardeur d'un séraphin au pied de l'autel ; sa générosité en face des sacrifices et des peines, sa patience, sa résignation, sa confiance en Dieu avaient le même degré d'élévation, et il est facile d'en juger, en considérant le courage avec lequel il supporta le coup si cruel de la mort de sa mère.

Ce fut pendant cette année, 1842, que cette épreuve atteignit son cœur filial. Il semble que Dieu ne voulait lui enlever cette mère, qui l'avait

______

(1) *Act.* iv, 32.

enfanté à la terre, qu'au moment où il venait d'assurer la vie de la Congrégation, que le frère Jérôme nommait aussi sa mère.

Cette sainte et digne femme, que nous avons vue agenouillée près du tombeau de saint François de Sales, et plus tard si courageuse pour donner à Dieu l'enfant de ses prières et de son cœur, laissa un grand vide au foyer dont elle était l'âme et dont elle faisait le bonheur. **La** douleur causée par cette mort fut profonde à Rumilly, dans cette maison où Josette avait si bien rempli ses devoirs d'épouse et de mère. A Belley, elle eut un contre-coup bien pénible dans l'âme du frère Jérôme. Le frère Gabriel chargea le frère Lucien de lui apprendre cette triste nouvelle, et ce fut alors que l'on vit la parfaite soumission à la volonté de Dieu qui remplissait son cœur. Il pleura celle qu'il avait tant aimée, il pria pour elle et écrivit à sa sœur Claudine le 1er août 1842 : « Oui, ma chère sœur, consolons-nous et sup-
« plions la Sainte-Vierge de vouloir être notre
« bonne Mère, et résignons-nous à la sainte vo-
« lonté de Dieu, en la bénissant dans les afflic-
« tions comme dans les consolations... Tâchez de
« consoler mon pauvre père en lui prodiguant les

« soins qu'exige la vieillesse, pour lui rendre le
« coup plus supportable. Nous ne pouvons plus
« que prier pour notre mère, et je tâche de le
« faire de mon mieux. »

En effet, les vœux et les prières du frère Jérôme durent être bien ardents ; sa mère ne l'avait-
elle pas, pour ainsi dire, consacré à Dieu dès sa
naissance ? et, lorsqu'il avait quitté Rumilly pour
Belmont, n'avait-elle pas écarté les obstacles,
aplani les difficultés ? La reconnaissance du religieux s'alliait donc à l'amour du fils, et, sous
l'empire de ces deux sentiments réunis, nul doute
que ses prières ne dussent obtenir bientôt de Dieu
le bonheur éternel à cette âme si chère.

L'obéissance allait demander un nouveau sacrifice au frère Jérôme, sacrifice bien dur, car elle
ne voulait rien moins que l'arracher à la maison-
mère ! Cependant aucune plainte ne sortit de son
cœur et ne s'échappa de ses lèvres, lorsqu'il partit, au mois d'octobre 1843, pour le petit séminaire
de Rondeau, près de Grenoble. Il dit adieu avec
peine à cette maison de Belley où il était si aimé,
et ce ne fut qu'en pleurant qu'il quitta ses supérieurs et ses frères, qui, eux aussi, lui donnèrent
bien des larmes de regrets. Mais la résignation

domine la douleur dans ces séparations, car les religieux savent bien qu'ils ne se quittent ici-bas que pour se retrouver au ciel !

CHAPITRE V

Le frère Jérôme au petit séminaire de Grenoble.

SES BONS RAPPORTS AVEC LES ÉLÈVES, SES CON-
FRÈRES ET LES PROFESSEURS DE L'ÉTABLISSEMENT.
— LA SALETTE. — ÉVÈNEMENTS de 1848.

> J'ai levé les yeux vers les montagnes,
> d'où il pourra me venir du secours.
> Ps. cxx, 1.

Ce départ de Belley, qui eut lieu au mois d'octobre 1843, fut un triple sacrifice pour notre bon
frère Jérôme : sacrifice de son âme si humble, en
quittant le rôle de simple religieux pour devenir
directeur ; sacrifice de ses goûts, qui le portaient
à obéir, tandis qu'à Grenoble, il allait être forcé de
commander ; et enfin, sacrifice de cœur : il se séparait d'un père en s'éloignant du frère Gabriel ;

il quittait de véritables frères, en disant adieu à ses compagnons de souffrance et de bonheur, et il lui semblait s'arracher une seconde fois de la maison paternelle, en sortant de celle de Belley. Mais pour un religieux aussi fervent que l'était frère Jérôme, les douceurs de l'obéissance faisaient oublier les amertumes du sacrifice.

La Congrégation de la Sainte-Famille, connue et appréciée à cette époque, comme elle l'est aujourd'hui, ne suffisait pas à remplir tous les postes qui lui étaient confiés, et à répondre aux appels qui lui étaient faits. Pour la gloire de Dieu et le bonheur de ceux qui désiraient des frères, le pauvre et saint fondateur se séparait de ses fils et dispersait sa famille; le temps de la moisson était venu, et si son cœur souffrait de voir partir ses enfants, son âme se réjouissait de pouvoir envoyer de bons ouvriers travailler à la vigne du Seigneur.

Mgr de Bruillard qui, depuis 1826, gouvernait le beau diocèse de Grenoble, les appela dans son petit séminaire du Rondeau comme aides et coadjuteurs de ses professseurs. Nos Seigneurs de Chamond et Devie, ses amis et ses contemporains, lui avaient probablement fait connaître ces humbles religieux dont la société avait pris naissance dans leurs diocèses.

Plus tard, l'exemple de Mgr de Bruillard sera suivi et les frères de la Sainte-Famille seront appelés à diriger les classes de français au petit séminaire d'Aix, en Provence, comme nous voyons aujourd'hui les frères du Saint-Sacrement remplir le même emploi dans plusieurs colléges.

Au Rondeau, les frères de la Sainte-Famille avaient l'administration matérielle de la maison. On les avait chargés du soin des dortoirs, de la lingerie, des réfectoires, et l'un d'eux était cuisinier. Frère Jérôme reçut une double tâche dans ce champ si vaste d'un travail incessant : outre la direction des sept ou huit frères qui remplissaient les emplois indiqués, il exerçait encore la fonction de portier, et même, dans ses moments de loisir, il s'occupait à des ouvrages de couture.

Le séminaire était alors très-nombreux. Il ne comptait pas moins de deux cent cinquante élèves, et on peut juger par là combien étaient grandes et pénibles les occupations des frères. Dès quatre heures du matin jusqu'à dix heures du soir, ils n'avaient pas un moment de repos ; et néanmoins, au lieu de se plaindre du travail, ils s'y livraient avec bonheur et l'acceptaient avec joie, sans jamais murmurer. Le frère Gabriel s'était proposé, en établissant son œuvre, de venir en aide aux curés dans les paroisses pauvres, et déjà les frères de Grenoble réalisaient admirablement ce but de leur vénérable fondateur, en se dévouant et en consacrant leur temps et leurs peines à soigner la jeunesse de ces enfants, futurs lévites du Seigneur.

A Grenoble, comme à Belley, la vertu du frère Jérôme fut bien vite admirée et appréciée; elle était trop grande pour ne pas frapper dès le premier abord, et trop douce, pour ne pas charmer tous ceux qui pouvaient en juger. Il fut donc tout de suite aimé par les professeurs qui voyaient en lui une bénédiction pour l'établissement, par les élèves qui devinaient dans son cœur une prédilection toute particulière pour l'enfance, et enfin par ses confrères qui, sous un tel directeur, trouvaient doux et facile le devoir de l'obéissance.

Aussi, tous ceux qui ont connu le frère Jérôme au séminaire du Rondeau se le rappellent-ils avec bonheur. Il était déjà pour les enfants ce qu'il fut plus tard à Ars, c'est-à-dire d'un dévouement absolu. Les nouveaux venus étaient de sa part l'objet d'une sollicitude presque maternelle. Il aimait à les former aux différents exercices de la communauté et à sécher les larmes que leur faisait verser le souvenir de leurs familles. A l'infirmerie, il devenait une véritable sœur de charité par les soins et la tendresse dont il entourait les élèves souffrants; le jour, la nuit, il se multipliait pour suffire à tout et à tous. La mère la plus aimante n'aurait pas soigné ses enfants avec plus d'affection que n'en témoignait le frère Jérôme à ses chers malades.

Il était heureux d'avoir à remplir dans le collége la fonction de portier. Ce rôle si pénible avait des douceurs pour son cœur aimant, car c'était lui qui allait annoncer aux élèves l'arrivée de leurs parents et de leurs amis, et il jouissait du bonheur de ces chers enfants pendant ces douces entrevues, tant il est vrai qu'à Grenoble, comme partout ailleurs, il aima toujours à « bien faire plaisir. »

Si les élèves vouaient au frère Jérôme un sincère attachement, les supérieurs et directeurs du séminaire lui donnaient toute leur confiance. Ils le lui prouvèrent en lui confiant plusieurs fois des missions délicates et difficiles à remplir.

S'agissait-il de faire rentrer quelques sommes considérables, ou bien de transmettre des rapports confidentiels aux familles des élèves: c'était toujours frère Jérôme qui était chargé de ces missions délicates. Aussi, disait-il plus tard, en souriant, qu'il connaissait tout le département de l'Isère, le devoir et l'obéissance lui en ayant fait parcourir tous les divers chemins.

Ce qui coûtait singulièrement à sa nature si bonne, c'était d'être obligé parfois de ramener à leurs parents des enfants renvoyés. Il le faisait cependant, pour rendre service aux directeurs de l'établissement, et leur épargner, disait-il, une rude corvée. Dans ces circonstances, il lui arriva plusieurs fois de n'obtenir qu'un triste accueil, et même un jour il faillit recevoir des coups, en plus de la mauvaise réception que lui fit l'oncle d'un élève qu'il ramenait. Cette brutalité ne le révolta pas, mais prenant l'enfant qui en était la cause, il revint avec lui coucher à Grenoble, et le lendemain, il le conduisit à Lyon, chez son père, où il fut encore plus mal accueilli.

Intermédiaire obligé entre les supérieurs et le personnel de l'établissement d'un côté, et ses confrères de l'autre, il se trouva souvent dans des positions embarrassantes; mais il sut toujours en sortir sans blesser aucun parti, grâce à la charité qui était, avec la justice, le mobile et la règle de sa conduite. « On voyait qu'il lui en coûtait, ont dit quelques-uns des frères placés sous ses ordres ; mais, dès qu'une chose lui paraissait juste, il était inflexible. »

Le frère Jérôme était donc un directeur modèle et un religieux parfait. Mais il avait un troisième titre qui le faisait aussi chérir par sa famille : il était bon frère; nous ne pouvons plus dire bon fils, car hélas! la mort avait enlevé Baptiste Dunoyer peu de temps après sa femme. Ce second malheur fut une cruelle épreuve pour toute cette famille si unie. Frère Jérôme, ne pouvant plus consoler les siens par sa présence, les soutenait par ses lettres, et son changement de résidence, ses nombreuses occupations n'arrêtèrent pas sa correspondance avec sa sœur Claudine. Il savait la solitude où vivait cette sœur bien-aimée, et combien la mort si rapprochée de sa mère et de son père avait assombri le foyer naguère si animé de leur maison de Rumilly. Aussi lui écrivait-il des pages nombreuses où l'on voit un mélange attachant d'élévation et de simplicité.

Parmi ces lettres, nous en détachons quelques-unes qui prouvent la charité fraternelle et la tendresse d'âme de celui qui les écrivait.

Le 29 décembre 1847, il souhaite la bonne année à ses frères et à ses sœurs, et il dit à sa chère Claudine : « Chère sœur, il me semble que tu dois « t'ennuyer en te voyant seule, mais ne te décou- « rage pas ; quand on sert le bon Dieu, rien ne « manque, le reste vient par surcroît ; prends cou- « rage dans tes peines ; *s'il est dur de vivre en* « *bon chrétien, il est bien doux de mourir en* « *saint.* Mais une chose que je ne puis trop te « répéter, c'est de ne jamais te décourager et de « ne pas t'inquiéter. De quoi s'inquiéter quand « on sert Dieu ? Il est vrai, on ne le sert pas « comme on devrait le faire ; mais nous ne sommes « pas des saints, nous espérons seulement le de- « venir avec la grâce de Dieu. »

A la même date, le frère Jérôme écrivait la relation de son pèlerinage à la Salette, et l'on voit que l'enfant de Notre-Dame de l'Aumône aimait de plus en plus sa bonne Mère, et que les nouveaux hommages qu'on lui rendait à la Salette, remplissaient de joie son âme filiale.

Et en effet, un spectacle bien consolant attirait

alors l'attention du monde chrétien. Ainsi que le dit l'écrivain sacré : « *J'ai levé les yeux vers les montagnes d'où me viendra le secours* (1). » Tous les yeux, tous les cœurs, toutes les espérances étaient, en effet, tournées depuis une année vers un sommet des Alpes, presque inaccessible, avant que Marie Immaculée y eût posé son pied virginal.

Ce fut le 19 septembre 1846 que la Reine des Cieux descendit sur ce sommet désert, et sa radieuse apparition fut révélée au monde par deux pauvres bergers et certifiée par de nombreux miracles. Toutes les âmes chrétiennes savent cette merveilleuse histoire, et beaucoup ont été les témoins de la piété et de l'allégresse qu'elle fit éclater. Les foules se pressèrent au pied de la montagne bénie et la gravirent en groupes nombreux et sans cesse renouvelés. On accourait de tous les pays; on venait de toutes les contrées s'agenouiller et prier là où la Reine du ciel s'était arrêtée et avait parlé; et les mêmes échos, qui avaient redit au monde chrétien les céiestes paroles, portaient au ciel l'hymne de la reconnaissance.

(1) *Ps.* 120.

Le frère Jérôme, qui alla fêter sur la sainte montagne le premier anniversaire de l'apparition, en fit un fidèle récit à sa sœur : « Nous sommes « partis de Grenoble (ses confrères et lui) le 18 « septembre à deux heures de l'après-midi, et « nous sommes arrivés le lendemain à Corps, à « cinq heures du matin.

« Quel spectacle ! malgré le mauvais temps de « la veille, les hôtelleries étaient pleines de pèle- « rins, les voitures hors de prix. On voyait que « rien ne coûtait pour la Sainte-Vierge. Nous « nous acheminâmes sur la montagne, à jeûn, « pour avoir le bonheur d'y faire la sainte Com- « munion. La foule était si grande que nous for- « mions une procession qui avait à peu près trois « lieues; plus de 60 mille âmes sont montées ce « jour-là, et, sur ce nombre, il y avait plus de « 300 prêtres. Il s'est dit près de 50 messes et le « nombre des communions a été prodigieux. De « toute part, on n'entendait que des chants d'allé- « gresse. Les uns chantaient le *Salve, Regina*, les « autres les litanies de la Sainte Vierge, partout « retentissaient des cantiques en l'honneur de no- « tre bonne Mère. La fontaine était si encombrée « que je n'ai pas pu avoir de l'eau ; on se pressait

« comme on le ferait dans le monde, pour ramas-
« ser l'or et l'argent. »

Au milieu de cette foule, Marie distingua certainement son fidèle serviteur, et la Vierge de
la Salette fut aussi généreuse que la Vierge de
l'Aumône : elle le combla de ces grâces qui devaient le préparer à devenir le serviteur et le compagnon d'un saint, et le pélerinage de la Salette,
qui précédait de deux années à peine celui que le
frère Jérôme allait faire à Ars, fut pour lui une
source de bénédictions et de sanctification.

Il revint donc de la Salette, animé d'une nouvelle ardeur pour le bien, et l'âme remplie de
douces émotions. Son amour déjà si grand pour
la Sainte-Vierge, augmenta encore, et il ne négligeait aucune occasion de parler d'elle et de la faire
aimer. En suivant sa correspondance avec sa sœur
on retrouve chaque année des recommandations
nouvelles pour que le retour du mois de Marie
soit toujours salué avec joie et bonheur.

De Grenoble, il lui écrivait : « Chère sœur, le
« beau mois de Marie est arrivé : je pense que tu
« vas prier Notre-Dame de l'Aumône pour moi,
« et, en retour, je ne t'oublierai pas à Notre-Dame
« du Rondeau. Prions bien cette bonne mère pour

« notre famille, afin que le bon Dieu lui donne ce
« dont elle a besoin. »

Dans le cœur du frère Jérôme, le zèle pour la
gloire de Marie était uni au zèle pour le salut des
âmes, et son ambition la plus vive était de voir
augmenter le nombre des religieux de sa chère
Congrégation. « J'espère, disait-il à sa sœur, n'être
« pas le seul religieux de la famille, et que quel-
« ques-uns de mes chers neveux viendront me
« rejoindre. Quel plaisir pour moi de voir des
« jeunes gens sortir de Babylone! »

Pendant qu'il souhaitait des vocations dans sa
famille, il n'oubliait pas de rappeler à sa sœur
que la confiance en Dieu devait être la règle de
sa vie, et sa sollicitude fraternelle lui dictait ces
lignes, encore écrites de Grenoble : « Chère sœur,
« j'avais bien envie d'aller vous voir ces vacances;
« mais l'obéissance m'a retenu. Donnez-vous de
« plus en plus au bon Dieu, mais sans inquiétude
« et sans trouble. Allez à lui comme un petit
« enfant se jette entre les bras de sa mère, avec
« calme et tranquillité. Dieu ne demande que no-
« tre cœur. Je vois de plus en plus qu'il n'y a que
« lui qui puisse nous rendre heureux! »

L'existence du frère Jérôme s'écoulait donc laborieuse et calme ; tout entier livré aux devoirs de sa position, il ne prêtait l'oreille aux bruits extérieurs que s'ils lui apportaient de saintes nouvelles ou le récit de pieux évènements. Mais cette paix et cette sécurité allaient être un moment mises en péril au milieu des secousses qui ébranlèrent la société tout entière, lorsqu'éclata la révolution de 1848.

Les esprits furent tous inquiets et troublés en face de cette révolution qui bouleversait la France. On craignait que la religion ne fût encore persécutée, et toutes les familles qui avaient des membres consacrés à Dieu et au service de la foi, tremblaient pour eux.

Le frère Jérôme sentit le besoin de calmer les inquiétudes qui agitaient ses parents à Rumilly, et de leur représenter que cette révolution était bien différente de celle de 93.

Il leur écrivait donc le 20 mars 1848 : « Des « évènements graves viennent d'avoir lieu en « France, la république est proclamée, et le roi et « la famille royale se sont enfuis. Mais ne crois « pas, chère sœur, que cette révolution soit comme « celle que nos parents ont vue. Il est vrai que « certains couvents ont eu quelques petites mi-

« sères, mais c'est peu de chose. Ne crains pas
« pour moi... Ma vocation est entre les mains de
« la Sainte-Famille. Après la tempête, le calme
« viendra; ainsi ne t'inquiete pas sur mon sort.
« Que ces évènements nous fassent de plus en
« plus nous jeter dans les bras de la Providence. »

Il voulait rassurer les siens, ce bon frère Jérôme, et il se gardait bien de leur dire que, lui
aussi, avait eu l'honneur de courir un vrai danger
pour la religion. Obligé de traverser Lyon, un
jour d'élections, avec son costume religieux, il fut
plusieurs fois en butte aux insultes des méchants,
surtout sur la place des Terreaux où la foule
était très-grande. Il se recommanda à son ange
gardien « et, disait-il, c'est à son intervention que
« j'ai dû de me tirer de cette cohue sans accident
« fâcheux. »

Mais il aurait craint d'augmenter les sollici-
tudes de sa famille en lui racontant les incidents
de ce voyage, et il cherchait, au contraire, à lui
citer tous les traits capables de la tranquilliser...
« Les cris de : vive la République! ont été répétés,
« écrit-il; mais, dans la foule, on a entendu ce
« beau cri de : vive Jésus-Christ! vive la religion! »
Son âme avait besoin de trouver du bien à ad-

mirer, tant elle avait horreur du mal et, remarque l'auteur (M. Bouchage), qui nous a communiqué la correspondance du frère Jérôme, « il était heureux d'opposer au cri du désordre révolutionnaire celui de l'ordre chrétien. »

Cependant, le frère Jérôme qui, au milieu des bouleversements extérieurs, n'avait pas perdu la paix intérieure, commençait à soupirer vers un poste où la charge de directeur lui serait épargnée. Il adressait à Dieu de ferventes prières, et au frère fondateur de nombreuses supplications, pour qu'il lui fût accordé de redevenir simple religieux.

Dieu, qui avait ses vues et qui depuis longtemps préparait à son serviteur un théâtre digne de ses vertus, exauça ses prières, et le frère Gabriel, sollicité, d'un côté, par un saint qui lui demandait quelques-uns de ses enfants, et de l'autre, par le frère Jérôme qui désirait ardemment être déchargé de son rôle de directeur, obéit à une inspiration qui n'était qu'un ordre de Dieu, en donnant le frère Jérôme au curé d'Ars.

Ce fut au mois d'octobre 1849, que ces deux saintes vies se lièrent étroitement. Dieu avait choisi entre tous un frère Léon pour saint François d'Assise. Il voulait récompenser de même la sainteté du curé d'Ars en lui donnant frère Jérôme... Et comme le premier avait fidèlement conformé sa vie sur les exemples que lui donnait aussi son maître, de même aussi nous verrons le second s'attacher aux pas de celui qui devenait son modèle, et suivre ses traces avec amour et respect.

Grenoble pleura le trésor qu'Ars lui enlevait, et les regrets furent unanimes. Le frère Jérôme laissa au Rondeau un souvenir qui fit toujours chérir sa mémoire et la rendit ineffaçable, tant il est vrai que là où les saints passent, Dieu passe avec eux.

CHAPITRE VI

**Monsieur Vianney appelle à Ars les frères
de la Sainte-Famille.**

BUT DE MONSIEUR VIANNEY. — COMMENCEMENT DE
LA MAISON. — DÉVOUEMENT DES HABITANTS D'ARS
POUR LES FRÈRES. — LE FRÈRE ATHANASE ET
LE FRÈRE JÉROME.

> L'établissement d'Ars deviendra la
> seconde maison de votre congrégation.
> Vén. VIANNEY au frère Gabriel.

Ars, aujourd'hui si connu, si visité, n'était
pourtant qu'un lieu complètement ignoré, il y a
cinquante ans. Ses habitants étaient loin de soup-
çonner, avant l'arrivée de M. Vianney, qu'un jour
la renommée porterait dans le monde entier la
réputation de leur petit village; et que, plus tard,
l'affluence d'un pèlerinage rendrait si animé le

pays, alors si isolé, où ils vivaient cachés et inconnus.

A cette époque, les plaines de la Dombes étaient marécageuses et sans routes, leur aspect était triste et pauvre. Rien ne faisait prévoir la transformation qu'elles ont subies, et surtout, rien ne laissait entrevoir qu'un jour elles auraient la glorieuse destinée de posséder un des plus remarquables thaumaturges du xixe siècle.

Mais lorsque Dieu envoie ses saints, il les entoure d'une auréole qui, non-seulement chasse les ténèbres de l'impiété et de l'erreur, mais répand encore la lumière bienfaisante de la civilisation et du progrès matériel.

Ars devait être le centre de ce foyer de lumière, et ce fut en 1818 qu'il reçut de Dieu le bienfait incomparable de posséder un saint. Dans la vie du vénérable curé d'Ars (1), on a vu les commencements laborieux de son apostolat, la peine qu'il se donna pour accomplir l'œuvre de Dieu, et on a admiré les réformes que le zèle du pasteur introduisit successivement au milieu de son troupeau de plus en plus docile. Aussi, d'année en année,

(1) *Vie du Vénérable curé d'Ars*, par le R. P. Monnin.

le bon curé voyait avec bonheur ses paroissiens devenir plus chrétiens, car ceux-ci profitaient avec reconnaissance de ses saints enseignements et du bien qu'il leur faisait.

Nous ne répéterons pas ce que chacun a déjà lu. Nous arriverons à Ars avec notre bon frère Jérôme, et en accompagnant ce nouveau et fervent pèlerin qui venait y dresser sa tente pour 25 ans, nous contemplerons un instant la douce et sainte figure du vénérable curé, que la mort a pu dérober à nos regards, mais qu'elle a laissée vivante dans nos âmes, et dont le souvenir restera éternellement gravé dans nos cœurs.

Dès son berceau, M. Vianney fut un élu de Dieu, et à mesure qu'il avançait dans la vie, sa sainteté prenait un nouvel éclat et devenait plus remarquable. En 1849, sa réputation avait depuis longtemps franchi les bornes de ce coin de pays et même de la France : elle était universelle. Le nom du curé d'Ars était connu au-delà des mers. Aussi, accourait-on de bien loin pour le voir, lui parler et l'entendre.

Cependant ce concours extraordinaire n'altérait en rien l'humilité du serviteur de Dieu, et il voyait la foule se presser autour de lui sans qu'une pensée d'orgueil pénétrât dans son âme. Semblable au Sauveur en présence des peuples qui accouraient sur son passage, il n'avait qu'un désir, *ne pas les renvoyer à jeûn*, et il se multipliait, pour ainsi dire, afin que chacun pût emporter sa part de la céleste nourriture.

Que de miracles de grâces il obtint par ses prières ! Que de résurrections spirituelles il opéra par sa parole et ses conseils ! et que de guérisons corporelles prouvèrent la puissance de cet homme si parfait sur le cœur de Dieu !

Doux et accueillant pour les pèlerins, M. Vianney était aussi un père pour ses paroissiens ; il s'occupait de tous leurs intérêts spirituels et temporels, et il aurait voulu qu'ils ne formassent sous sa conduite qu'une seule famille, afin de les mener plus sûrement à Dieu. Toute son ambition était de répandre et de faire fructifier dans leurs cœurs les germes précieux des vertus qui font les bons chrétiens. Afin d'arriver plus sûrement à son but, il résolut de faire donner gratuitement aux enfants le double bienfait de l'instruction et de l'éducation chrétienne.

Les filles furent les premières à jouir de cette insigne faveur. En 1816, le bon curé conçut le dessein de procurer le même avantage aux garçons. Il en parla donc à sa paroisse, pour laquelle un de ses désirs était un ordre. Sa proposition fut accueillie avec empressement et bien vite on chercha les moyens de réaliser ce vœu si utile.

Tous les habitants d'Ars concoururent avec générosité à une œuvre qui les intéressait si vivement. Aucun d'eux, en effet, n'aurait pu résister à la prière du saint prêtre, et ne pas remplir la main sacerdotale qu'il ne tendait que pour Dieu et sa plus grande gloire. Pour résister il eût fallu avoir le cœur fermé aux accents de la charité, et M. Vianney avait ouvert ceux de ses paroissiens à tout ce qui était bien. Ils voulurent donc tous contribuer, selon leurs moyens, à la fondation de la maison projetée, et, aidé de son ami, M. le comte des Garets (1), maire d'Ars, M. Vianney eut bientôt recueilli la somme que nécessitait l'établissement de cette seconde école gratuite.

Assuré de pouvoir réaliser son projet et guidé par une heureuse inspiration, M. le Curé demanda à son évêque, Mgr Devie, d'en confier l'exécution aux Frères de la Sainte-Famille. Monseigneur,

(1) Voir Note n° V.

qui avait encouragé le frère Gabriel dans les épreuves de sa fondation, comprit que Dieu voulait le rapprochement de ces deux grandes âmes, et qu'il devait laisser établir des liens spirituels entre le curé d'Ars et le frère Gabriel. Il accepta donc cette demande avec la confiance qu'inspire la certitude d'accomplir la volonté de Dieu, et il bénit de tout son cœur la colonie qui allait s'implanter dans une terre de prédilection.

Déjà une première rencontre avait eu lieu entre le fondateur et le saint prêtre, et peut-être avait-elle déterminé le choix de cette Congrégation. En 1842, le frère Gabriel se trouvant à Lyon, aperçut une diligence qui portait le nom d'Ars et dont les pèlerins se disputaient les places. « Si j'allais voir ce prêtre dont la réputation est si grande, pensa-t-il..., » et sans plus de reflexion, il monta en voiture et partit pour la petite mais célèbre paroisse. Arrivé au but de son pèlerinage, il suivit la foule qui se pressait dans le sanctuaire, et le lendemain, après la messe du serviteur de Dieu, il entra dans la sacristie, confondu dans les rangs de ceux qui venaient faire signer des images et bénir des objets de piété. C'était dans les commencements de sa fondation et frère Gabriel portait un costume religieux qui ne le distinguait en rien ; mais la science du curé d'Ars lui faisait reconnaître les âmes généreuses, et traversant le groupe qui l'entourait, il s'avança vers le fondateur. « Bonjour, « frère Gabriel, lui dit-il, comment va votre petite « communauté?—Mais, Monsieur le Curé, répon- « dit avec émotion le supérieur des frères de la « Sainte-Famille, vous me connaissez donc? — « Oh! répartit le saint Curé, avec son aimable « sourire, les amis du bon Dieu se connaissent « bien ! »

On comprend les souvenirs ineffaçables que cette entrevue avait laissés aux cœurs de ces deux « amis du bon Dieu » et le bonheur qu'ils durent goûter en se rencontrant. Par suite de circonstances indépendantes de la volonté de M. Vianney et du frère Gabriel, la fondation ne put se faire que le 10 mars 1849. Ce jour-là, arrivèrent à Ars trois frères, le frère Athanase, directeur, le frère Chrétien, instituteur, et le frère Constant, sacristain. Le Supérieur général accompagnait ses religieux, et son attention d'en amener un pour s'occuper spécialement de la sacristie toucha profondément le vénérable Curé, heureux de confier à d'aussi bonnes mains les trésors de sa petite église.

Les Frères reçurent à Ars un accueil cordial et sympathique. M. le Curé, le comte des Garets, et la commune entière éprouvèrent une joie bien vive à l'arrivée de ces envoyés du Seigneur. Les jours qui avaient précédé leur venue, on avait fait une quête dans le village pour leur composer un petit mobilier, et les habitants d'Ars avaient donné avec empresssement ce qui leur était demandé. Le saint Curé avait préparé le trousseau des frères ; le château avait aussi apporté sa part, et peu à peu, les murs de la maison des frères devinrent moins nus ; les pauvres couchettes se transformèrent en modestes lits, et en arrivant, la pieuse caravane trouva, sinon le confortable, du moins le nécessaire.

La première journée de l'installation des frères, M. Vianney vint plusieurs fois les voir pour les encourager, et ses premières bénédictions leur firent espérer des années heureuses. Ce fut un samedi que le frère Gabriel confia à la terre d'Ars ce grain si précieux d'une fondation religieuse, et la protection de la Sainte-Vierge, le zèle du Curé, le dévouement des paroissiens et le mérite des frères firent germer cette semence avec tant de succès, que la petite maison se transforma bientôt, comme nous le verrons tout à l'heure, en un solide établissement.

Le lundi 12 mars, le frère Gabriel ouvrit lui-même les classes en présence de M. Vianney qui, le matin, avait invoqué l'Esprit-Saint avec l'ardeur de son amour pour les élèves et pour leurs maîtres, de M. le comte des Garets et de plusieurs membres du conseil municipal (1).

L'œuvre avait donc réussi et la fondation était faite. M. Vianney, qui aimait « ses frères, » comme il les appelait, et qui ne cessait de le leur montrer, non-seulement voulait les établir dans sa paroisse, mais il poursuivait son projet d'agrandir leur local, pour leur donner la possibilité de recevoir des pensionnaires. Déjà il leur en avait fait accepter quelques-uns, deux mois après leur arrivée, et les frères, ne voulant rien lui refuser, avaient accueilli avec bonté ces aînés de la nombreuse génération d'enfants qui allaient se succéder sous leur toit, attirés par le voisinage de la petite cure où Dieu avait placé un saint.

M. Vianney avait à cœur le succès de son éta-

____

(1) MM. Sève, adjoint, Michel Sève, Antoine Mandy, Jean Cinier, Michel Mandy, Antoine Lacôte, Claude Dupont, Jean Lardet, Philippe Trève, Jean Cinier (fils), Claude Viller.

blissement de frères ; il le soutenait de ses dons, l'encourageait par ses visites et l'entourait de ses soins paternels. On peut dire aux pélerins, qui aiment à retrouver et à vénérer les souvenirs du serviteur de Dieu, que chez les frères ils sont nombreux et religieusement conservés !

C'est, dans leur jardin, une statue de la Sainte-Vierge qu'il érigea solennellement le 8 décembre 1854, en souvenir de la définition du dogme de l'Immaculée-Conception.

C'est la petite chapelle du pensionnat, dont il fit commencer à ses frais la construction le 20 juin 1855, qu'il bénit le 24 août 1858, et où il voulut dire la première messe le 16 novembre de la même année.

Ce sont tous les ornements de ce petit sanctuaire, l'autel, les tableaux, etc. Tous ces objets étaient autant de bienfaits du vénérable Curé, et ils sont devenus de précieuses reliques que l'amour et le respect ont sauvées de la destruction.

L'œuvre prospérait si bien à l'ombre des vertus d'un saint, grandissait si vite sous ce patronage béni, que la maison ne suffisant plus pour recevoir les nombreux élèves qui s'y présentaient, il fallut s'occuper d'une construction sérieuse. C'est alors

que, pour un supérieur auquel les ressources
pécuniaires manquent, il fait bon être aidé et soutenu par les conseils et les encouragements d'un
homme inspiré de Dieu. Le frère Athanase en fit
l'expérience, lorsque, se croyant sûr d'une somme
promise pour commencer les travaux d'agrandis-
sement, il vit s'évanouir la promesse et l'argent.
Mais son bon Curé était là, défiant le découragement par une parole qu'il avait dite au frère
Gabriel pour obtenir des religieux, et qu'il répéta
au frère Athanase pour lui donner l'espérance du
succès : « L'établissement d'Ars deviendra la
seconde maison de votre Congrégation. » Parole
douce et prophétique pour les frères qui aiment
leur maison d'Ars, et pour la paroisse qui les
apprécie comme un bienfait et un héritage de
son saint Curé.

Dieu donnait raison à son serviteur et, malgré
cette déception, les fondations de la nouvelle maison furent tracées. M. Vianney en bénit la première pierre le 28 mai 1856, et lorsque, le 24 août
1858, il répandit de nouvelles bénédictions sur
la maison entièrement achevée, ce fut avec des
larmes de joie et de reconnaissance.

En effet, Dieu avait suggéré bien des dévouements et beaucoup de zèle pour cette construction. L'argent arrivait par les mains pieuses de généreux bienfaiteurs, tandis que les charrois et les transports des matériaux étaient faits par les habitants d'Ars, heureux de contribuer à l'établissement d'une maison qui devait abriter la jeunesse de leurs enfants.

La parole de M. Vianney se réalisait ; la communauté devenait plus nombreuse : 62 pensionnaires et 40 externes remplissaient le petit collége qui n'avait pourtant que neuf années d'existence (1).

Ne voulant pas interrompre le récit des commencements et de la prospérité de cet établissement, nous avons jeté d'avance un coup d'œil sur une époque que nous reverrons encore avec notre bon frère Jérôme. Il convient maintenant de revenir à ces premières années passées à Ars, où sa vertu grandissait comme son dévouement, à ces premiers temps où il se prodiguait pour faire plaisir à tous et où il se multipliait pour suffire à tout.

Le frère Constant, amené par le supérieur gé-

(1) Voir Note nᵒ VI.

néral, n'étant pas resté longtemps à Ars, le frère Jérôme vint le remplacer au mois d'octobre 1849. Dès ce moment, il devint le compagnon inséparable du saint Curé et remplit les fonctions de sacristain avec un zèle qui ne s'est jamais ralenti.

Lorsqu'une maison religieuse s'établit, on sait toutes les misères qui entourent son berceau, toutes les privations que sont obligés de subir ceux qui la fondent. Les enfants de Belmont le savaient mieux que personne, eux que Dieu avait aimés au point de les nourrir d'épreuves et de les abreuver de sacrifices !

A Ars, malgré les aumônes et les secours du saint Curé, il y eut des journées dures à passer, où la disette se fit parfois sentir, des moments pénibles, où les occupations étaient si multipliées que chacun des frères était obligé de remplir plusieurs rôles pour suppléer au petit nombre de sujets. C'était bien le cas de dire alors que la qualité remplaçait la quantité, et à eux seuls, les trois frères accomplissaient des devoirs si nombreux qu'il fallait un grand courage et une merveilleuse activité pour réussir dans des tâches si diverses.

Le frère Jérôme était chargé du soin de la lingerie, de la culture du petit jardin et, en outre, il avait le souci de la cuisine. Dans toutes ces charges, il portait le même visage, il montrait le même dévouement qui partout l'avait fait aimer et apprécier; c'était toujours le sourire sur les lèvres qu'il accomplissait ses devoirs, et ceux-ci avaient beau varier, jamais ils ne troublaient l'égalité d'humeur de l'humble religieux.

Parfois, lorsque l'ouvrage avait été plus long que de coutume, ou bien que le frère Jérôme avait eu plus de soins à donner à la sacristie ou à son saint Curé, il arrivait que le sacristain avait retardé tellement le cuisinier que midi sonnait sans que la petite cloche de la maison des frères donnât le signal pour annoncer le dîner. Alors le bon frère usait de petites industries : il faisait venir autour de lui les pensionnaires et occupait leurs bouches à chanter, pendant que vite il leur préparait les aliments qu'elles réclamaient. Les enfants apprenaient des cantiques ou de jolies petites chansons; la distraction faisait presque oublier la faim, et l'honneur du frère cuisinier était sauvé par cette innocente ruse.

Mais son premier devoir, celui qui plaisait le

plus à son cœur, était de protéger M. Vianney
contre la foule qui accourait auprès de lui et qui
grossissait chaque jour. Elle était devenue si compacte que l'homme de Dieu ne pouvait plus faire
un pas seul, au milieu du flot humain qui l'entourait. C'était contre cet envahissement de la piété
et de l'enthousiasme que le frère Jérôme devait
servir de rempart. Il marchait près du vénérable
Curé, ainsi que l'ombre suit le corps ; il le proté-
geait, veillait sur lui, comme un fidèle gardien
du trésor qui lui était confié ; et lorsque ses bras
ne suffisaient plus pour écarter la foule émue et
empressée, il la contenait encore par ses supplications.

Il écrivait à sa sœur, le 28 novembre 1849, un
mois à peine après son arrivée à Ars : « Bien chère
« sœur, je suis cette année à Ars, sacristain ; je
« suis une partie de la journée auprès du bon
« Curé, je l'accompagne à sa cure, où s'il n'était
« accompagné par personne il ne pourrait pas se
« rendre, tant il est entouré de monde. Je n'ai pas
« le temps de t'écrire plus longuement, mais no-
« tre cousine qui est le témoin de tout cela te
« portera des détails. »

Ce fragment de lettre prouve que le frère Jérôme avait été établi, dès son arrivée, garde du corps du saint Curé. Il annonce aussi son emploi de sacristain et, dans les chapitres suivants, nous dirons combien ces deux rôles convenaient à son âme ardente et à son cœur dévoué. Pour le frère Jérôme la peine n'était rien s'il avait réussi à « faire plaisir. »

La présence des frères, à Ars, était donc pour M. Vianney une consolation et un secours. Son cœur aimant trouvait en eux des hommes dévoués qu'il se plaisait à nommer « ses amis, *ses camarades.* » Son âme zélée voyait en eux également des auxiliaires puissants pour le bien qu'il faisait et qu'il voulait faire, et il s'attacha étroitement à cette fondation qui réalisait si complètement ses désirs et ses vœux.

Le frère Gabriel était admirablement entré dans les vues de la Providence et dans les desseins du vénérable curé, en donnant à celui-ci le frère Athanase et le frère Jérôme. S'il avait choisi pour eux la meilleure part, on peut bien dire aussi que parmi ses disciples il avait désigné les meilleurs.

Comme autrefois le divin Maître avait choisi parmi ses apôtres, Pierre, Jacques et Jean son frère, pour les conduire au Thabor ; de même le saint fondateur avait appelé le frère Athanase et le frère Jérôme pour les amener dans un lieu béni où le spectacle d'une sainteté merveilleuse devait les plonger dans l'admiration.

Ces deux frères, frères par la religion et par le cœur, se lièrent d'une étroite affection que 25 ans d'une vie commune ont cimentée et que la mort n'a pu briser. Chacun avait des occupations différentes dans la même vocation, et tous les deux, ouvriers de la première heure, travaillaient avec un égal courage à l'œuvre du Seigneur et du saint Curé.

Nous avons dit et nous redirons les charges du frère Jérôme ; celles du frère Athanase n'étaient ni moins nombreuses ni moins lourdes. En outre, son titre de directeur l'obligeait à exercer cette surveillance qui, de tous les emplois, est le plus considérable. Il ne suffit pas de donner l'instruction aux enfants pour qu'elle soit un bienfait, il faut y joindre l'éducation qui élève l'âme et qui forme le cœur, pendant que la science développe l'esprit.

Le frère Athanase le savait et ne négligeait rien pour que ses élèves ne fussent pas seulement ins-

truits, mais pour qu'ils devinssent encore des enfants sincèrement vertueux, en un mot, des chrétiens fermes dans leur foi et inébranlables dans
leurs principes.

Du reste, pour donner à ces deux frères les
éloges qu'ils méritent, notre plume n'a qu'à révéler des souvenirs bien chers à notre cœur et qui
sont pour eux de véritables témoignages.

A la fin de cette année, 1849, qui avait donné à
Ars le bonheur de posséder des frères, une noble
et sainte femme, la comtesse des Garets d'Ars (1),
qui s'associait à toutes les œuvres de son saint
Curé, écrivait à sa mère, qui elle-même vivait
pour ainsi dire à Ars par l'âme de sa fille et par
sa vénération pour M. Vianney : « Nous avons des
« frères parfaits qui réalisent tout le bien qu'en
« espérait le saint Curé et qui sont pour lui des
« auxiliaires dévoués en même temps qu'un bien-
« fait pour la paroisse. » Cette attestation suffi-
rait, à vrai dire, pour établir le mérite de ces premiers instituteurs ; mais il en est une autre qui est
restée gravée non plus sur des papiers que conserve la piété filiale, mais dans une mémoire dont

(1) Voir Note n° VII.

la fidélité ne saurait être mise en doute un instant. Un jour, M. Vianney parlait des frères avec une excellente chrétienne (1), et, comme il prévoyait la possibilité de changements parmi eux, « le « supérieur, se prit-il à dire, peut changer les « jeunes s'il le veut ; pour le frère Athanase et « le frère Jérôme, je veux qu'il me les laisse, « ce sont de vrais religieux. »

Ces paroles, tombées des lèvres d'un homme animé de l'esprit de Dieu, ont un prix infini, d'abord pour celui qui jouit au ciel de la récompense promise au « vrai religieux, » et ensuite pour celui qui continue ici-bas le travail qui mérite le repos au « vrai religieux. »

(1) Catherine Lassagne.

CHAPITRE VII

Le frère Jérôme est chargé de la sacristie.

COMBIEN CETTE CHARGE CONVENAIT A SA PIÉTÉ. —
IL SE MULTIPLIE POUR SUFFIRE A TOUT. — SON
ADMIRATION POUR LES BEAUX ORNEMENTS ET LES
BELLES CÉRÉMONIES.

> Je t'ai choisi pour orner le
> lieu saint.
> ISAÏE LX, 13

Pour une âme aussi pleine de foi que l'était
celle du frère Jérôme, rien n'était plus doux que
les fonctions de sacristain qui le rapprochaient
sans cesse du tabernacle et faisaient du sanctuaire
sa demeure presque habituelle. Sa piété si vive et
si élevée l'attachait à cette vie près du cœur de
Notre-Seigneur, et changeait en consolations les
peines et les fatigues. Le frère Jérôme était donc

dans son élément en accomplissant les nobles fonctions que réclame le service des saints autels, et l'ardeur avec laquelle il s'y voua, dès son arrivée, prouvait que Dieu, depuis longtemps, le préparait à remplir cette charge si digne de son zèle et de son dévouement. Il lui avait même donné, en plus des qualités nécessaires, un saint enthousiasme pour tout ce qui composait les richesses de sa petite sacristie, et une naïve piété qui ne se lassait jamais de les montrer aux pèlerins, désireux de les connaître.

Le rôle de sacristain, à Ars, n'était pas une sinécure, surtout à l'époque où le bon frère en fut chargé. Les missionnaires n'y étaient pas encore établis, et le pèlerinage était si fréquenté que la petite église de campagne était chaque jour plus visitée, plus remplie qu'une cathédrale. Toutes les lettres écrites à cette époque en font foi : « Notre « saint Curé attire toujours une foule croissante « de fidèles; sa voix éteinte perce les cieux et « en fait descendre grâce et miséricorde sur les « pécheurs. » (Comtesse des Garets, 7 septembre 1849.)

Ce concours prodigieux augmentait toutes les années, au point que les fatigues qu'il causait au vénérable Curé firent craindre pour sa santé déjà exténuée. « J'ai vraiment peur (écrivait Madame « la comtesse des Garets à sa mère) que ce soient « les dernières Pâques que nous fassions avec « notre saint Curé; tout semble annoncer que « Dieu prépare la récompense de cet homme ad- « mirable, mais en attendant l'instant où il parera « sa couronne des plus beaux fleurons, il la tresse « encore ici-bas avec les plus sanglantes épines. « Le spectacle de sa souffrance déchire le cœur. « On ne peut le voir et l'entendre sans éprouver « une immense admiration pour cette sublime et « perpétuelle immolation; toujours le même zèle, « la même résignation. C'est avec la même dou- « ceur qu'il se laisse étouffer, torturer par la foule « toujours croissante qui veut obtenir un dernier « conseil, une dernière bénédiction de l'homme « de Dieu. Il passe ses nuits entières au confes- « sionnal, car, dit-il, il ne peut plus dormir. » (Avril 1852.)

Parmi la foule qui entourait M. Vianney, un grand nombre de prêtres venaient s'édifier auprès de lui et solliciter ses lumières. Presque tous cé- lébraient le saint sacrifice de la Messe; que l'on juge par là des occupations du sacristain, surtout

quand ce sacristain était encore linger, jardinier
et cuisinier, et l'on comprendra quelle merveilleuse activité il devait déployer pour venir à bout
d'accomplir tous ses devoirs ! Mais aussi la matinée du bon frère commençait de bonne heure, et
souvent les premières clartés du jour, en pénétrant dans sa cellule, n'éclairaient qu'un lit vide :
l'ouvrier était à son labeur et, le soir, il ne revenait que bien tard lui demander un peu de repos
pour ses membres fatigués, et lorsque la nuit
mettait un terme obligé à ses travaux.

Ses supérieurs, voyant se multiplier les occupations de la sacristie, lui enlevèrent ses autres
fonctions pour le laisser uniquement au double
service du bon Dieu et de son saint prêtre ; et
alors le frère Jérôme s'y consacra tout entier et
avec bonheur. Le matin il accourait à l'église et
la trouvait remplie, malgré l'heure matinale. Le
confessionnal du vénérable Curé était entouré et,
depuis une heure après minuit, Dieu accueillait
les prières mêlées des larmes du repentir et de la
reconnaissance des pauvres pécheurs que son serviteur lui ramenait au saint tribunal.

Pendant que s'accomplissaient ces miracles de
la grâce, frère Jérôme préparait les autels des

petites chapelles et se mettait à la disposition des prêtres qui voulaient célébrer le saint sacrifice. Il veillait à ce que rien ne leur manquât, avait l'œil à tout, et cela avec tant de gracieuse obligeance et de bonne volonté, que les ecclésiastiques, en quittant Ars, emportaient le souvenir du bon frère sacristain comme un des plus édifiants de leur pèlerinage.

Quelquefois les messes se multipliaient et la correspondance où nous glanons de précieux souvenirs nous dit : « Monsieur le Curé est entouré « d'une si grande foule qu'il ne faut pas essayer « de la pénétrer; l'autre jour il y a eu jusqu'à « 17 messes et notre petite église devient une « vraie cathédrale. »

Ces jours-là, le frère Jérôme n'avait pas une minute à lui, et ceux qui ont eu le bonheur de le voir à l'œuvre, se souviennent de son activité et du mouvement qu'il se donnait pour ne pas laisser de lacune dans son ministère... On l'admirait et on ne pouvait s'empêcher de dire en le voyant infatigable : « *Le zèle de la maison de Dieu le dévore* (1). »

(1) *Ps.* 68, 10.

Lorsqu'à 7 heures, le vénérable Curé quittait le champ de son combat pour se reposer en célébrant la messe, il trouvait son sacristain au poste, se laissait revêtir par lui des ornements sacerdotaux et allait à l'autel suivi de son pieux et fidèle disciple, dont le bonheur était de l'assister pendant le saint sacrifice. Mais que de fois ce bonheur lui était enlevé! souvent des pélerins, venus de bien loin, le suppliaient de le leur céder. Comment le bon frère Jérôme aurait-il pu, ou aurait-il su résister? Il abandonnait donc par charité cette consolation les jours de la semaine; mais le dimanche matin il restait sourd et inflexible à toutes les prières de ce genre. La première messe, ce jour-là, était toujours dite par M. Vianney, et toujours servie par les frères, et ce droit leur était bien cher et bien précieux, puisque le frère Jérôme refusait absolument de céder sa place ou celle du frère Athanase auprès de leur saint pasteur.

Après la célébration des messes, le frère Jérôme mettait en ordre la sacristie. Elle n'avait pas les larges dimensions de celle d'aujourd'hui. Il n'en existait qu'une sous le clocher, dans l'ancienne église, et une lettre en constate ainsi

l'insuffisance : « Nos deux missionnaires, ayant
« failli être écrasés l'autre jour par la foule, ont
« aussitôt voté pour la construction d'une seconde
« sacristie, ce qui ne sera certainement pas de
« luxe. » Et, en effet, on en fit une seconde qui
devint bien utile, tout en étant moins riche en
souvenirs que la première (1).

Il était donc fort difficile de suppléer à la peti-
tesse de ce lieu si envahi, et il fallait toute l'habileté du frère Jérôme pour résoudre le problême
de faire tenir beaucoup de choses dans un étroit
espace. Et si encore il avait eu du loisir et de la
tranquillité pour son travail ! mais il était obligé
de répondre à tous ceux qui venaient implorer de
son inépuisable complaisance un renseignement,
un secours pour arriver au vénérable curé ; et
comme on ne se lassait jamais de demander, lui
aussi ne se lassait jamais d'accorder. C'est que
cette âme éminemment dévouée ne savait jamais
refuser de rendre un service ni de faire plaisir.

C'est lorsqu'il arrivait à Ars des personnages
illustres que le frère Jérôme redoublait d'activité

____

(1) Cette sacristie est placée dans l'avant-chœur, en face de
la grande et principale sacristie.

et de zèle ; et ces visites étaient fréquentes. Si nous voulions, en effet, nommer toutes les célébrités qui se sont agenouillées comme de simples pèlerins sur les dalles de la petite église et sous la bénédiction du thaumaturge, nous aurions à en dresser une longue liste. Qu'il nous suffise de signaler les plus illustres.

Le Père Lacordaire vint deux fois s'édifier au spectacle de cette sainte vie, et la petite chaire d'Ars retentit des accents de cette éloquence qui faisaient la gloire de celle de Notre-Dame. Monseigneur Dupanloup était venu aussi visiter M. Vianney pendant son pèlerinage ici-bas : ouvriers de la même cause, ils unissaient leur ardeur pour combattre le mal et l'erreur, l'un dans un pauvre confessionnal, par ses touchantes exhortations, et l'autre à la tribune et dans les assemblées, par sa plume et ses magnifiques discours.

Mgr de Bonald, Mgr de Ségur, Mgr Bataillon, M^g de Marguerie, Mgr Guillemin et plusieurs autres évêques vinrent à Ars, pour voir l'humble curé dont la réputation était si grande.

Mgr de Brésillac s'agenouilla devant lui, et emporta dans son cœur des bénédictions et des grâces de force pour ses missions lointaines. Un autre prélat, Mgr Allou, évêque de Meaux, passa quelques jours à Ars. Les hôtes qui ont eu le bonheur de le posséder s'en souviennent avec reconnaissance ; ils se rappellent l'affection que le Curé d'Ars lui portait et combien il aimait sa visite quotidienne. Ce séjour évoque un souvenir, que conservait précieusement aussi le frère Jérôme et qu'il aimait à raconter : c'était l'émotion de Mgr de Meaux, lorsque les pèlerins accouraient autour de lui, s'agenouillant et baisant son anneau. Ces témoignages de respect ravissaient le prélat qui pouvait redire, en contemplant les foules toujours plus nombreuses, cette parole du Pasteur suprême : « *Je n'ai jamais trouvé une foi semblable en Israël* (1). »

Ainsi, toutes les dignités et tous les mérites se coudoyaient dans cette multitude de pieux fidèles, et les grands comme les petits trouvaient des exemples à imiter et des conseils à suivre, auprès du serviteur de Dieu. C'est alors que le frère Jérôme montrait avec orgueil les beaux ornements envoyés quelques années auparavant par le vicomte d'Ars à M. Vianney, et qu'il faisait ressortir

____

(1) Saint Math., VIII, 10.

les richesses d'une superbe chasuble achetée avec
le produit d'une généreuse souscription parois-
siale, en l'honneur de l'Immaculée-Conception.
Cet ornement était le plus précieux de ses trésors;
aussi, trouvons-nous dans une lettre à sa sœur,
du 29 janvier 1855, une preuve de l'enthousiasme
avec lequel il le reçut : « Notre bon et saint Curé
« est dans une grande joie depuis que l'Eglise
« a proclamé l'Immaculée-Conception de notre
« bonne Mère, et pour perpétuer ce souvenir à
« Ars, il a fait faire une magnifique chasuble
« qu'il a étrennée le 8 décembre. C'est la plus
« belle du diocèse de Belley! Nous avons fait une
« grande fête ce jour-là : illumination dans toute
« la paroisse, petit feu d'artifice, bénédiction d'une
« jolie statue dans notre jardin ; enfin, rien n'a
« manqué pour fêter notre bonne Mère! »

Une belle cérémonie, une fête solennelle en-
flammait l'âme ardente du bon frère Jérôme, et
en cela encore, il imitait M. Vianney qui aimait
les pompes de la religion comme l'exilé aime les
échos qui lui viennent de la patrie. Pour le Curé
d'Ars, une fête religieuse était comme un reflet
du ciel sur la terre ; ici-bas, n'était-il pas dans
un exil? Lui, si pur, et qui, tous les jours, toutes

les nuits, entendait le triste récit des misères hu-
maines; lui, si saint, et qui se voyait entouré de
pécheurs et d'âmes attachées à leurs passions!
Mais, comme le Sauveur dans la Judée, il uti-
lisait son passage en ce monde à guérir les uns,
à éclairer les autres, à faire du bien à tous.

Le frère Jérôme, témoin journalier de ces prodiges, les recueillait dans son cœur pour les méditer, pour y puiser de nouveaux motifs de vénérer son bon maître.

Sa charge de sacristain lui faisait un devoir
d'accompagner M. Vianney chez les malades pour
qui sa présence était une consolation. Dans le village il n'est peut-être pas une maison qui ne conserve le souvenir d'une des visites du bon frère.
Quand il s'agissait d'un malade à administrer,
alors il laissait tout, et la nuit, aussi bien que le
jour, le trouvait prêt à répondre au moindre
appel. Les habitants d'Ars connaissaient si bien
sa complaisance sur ce point, que c'était toujours
le frère Jérôme qu'ils allaient éveiller le premier,
et c'était lui qui allait ensuite appeler le prêtre.
Auprès des malades il se faisait, pour ainsi dire,
sœur de charité. Ses confrères et les missionnaires se souviennent avec reconnaissance de ses

charitables visites et des bons soins dont il a entouré plusieurs d'entr'eux.

Au château, où se gardent fidèlement tant de souvenirs, il en est un particulièrement cher à ses habitants : c'est celui de la double visite qu'ils recevaient, chaque année, du Curé d'Ars et du frère Jérôme, le second dimanche de la Fête-Dieu. Comme ce souvenir se rattache au saint Curé et à son compagnon, nous pensons faire plaisir à ceux qui liront ces pages en nous y étendant particulièrement.

Dans une lettre à sa mère, Madame la Comtesse des Garets nous donne cette touchante description d'une de ces solennités : « J'avais
« bien pensé à vous pendant la messe, plus
« encore pendant notre magnifique procession
« si calme, si religieuse, si touchante, si reli-
« gieusement suivie. Vraiment vous eussiez été
« bien émue en voyant cette longue visite du
« Seigneur autour de la maison de vos enfants.
« Ars était brillant de fleurs et de verdure. Rien
« d'aussi beau que cette procession de 1,500 per-
« sonnes au moins, se développant dans la prairie
« et suivant le gracieux contour du nouveau che-
« min ; elle circulait ensuite autour du large tapis

« de verdure qui s'étend devant l'habitation. La
« bénédiction fut donnée dans la chapelle par le
« saint Curé qui avait les yeux baignés de larmes;
« mes enfants jetaient des fleurs au pied de l'au-
« tel ; cinq belles bannières reluisaient au soleil;
« le dais du vicomte brillait de toutes ses dorures
« et pierreries ; les boîtes venues de Trévoux pro-
« duisaient un effet qui faisait tressaillir le bon
« Curé et ses paroissiens. Enfin, nous avons été
« fiers de notre procession; jamais, dit le saint
« Curé, elle n'avait été aussi belle. »

Les années suivantes, la solennité devint plus
touchante encore et plus belle. Le reposoir ne
se fit plus devant la chapelle, mais devant le château et au milieu du tapis de verdure dont il est
question dans le récit qu'on vient de lire, et c'était
pendant les apprêts qu'avaient lieu les visites du
Curé d'Ars et du frère Jérôme.

Ce dimanche-là, vers midi ou une heure, on
apercevait dans le chemin de la prairie un si
grand mouvement qu'on eût dit une première
procession. C'était le serviteur de Dieu qui venait
voir par lui-même si on préparait un trône digne
du Souverain qu'il apporterait triomphalement
dans quelques heures; et la foule le suivait, se

pressant sur ses pas, ne voulant pas le perdre de vue une minute. Il s'avançait en bénissant et en parlant gracieusement à ceux qui composaient l'escorte nécessaire pour le défendre contre le pieux empressement des fidèles. Le frère Jérôme marchait bien près de son père, suivant ses traces et réflétant son sourire.

Lorsque le saint arrivait à la grille, il trouvait agenouillée la famille qu'il aimait tant à bénir et pour laquelle il avait toujours une parole d'affection. Alors, entouré par les parents et les enfants, il allait donner une parole d'encouragement aux travailleurs, les bénissait et s'écriait les larmes aux yeux : « Oh ! mes enfants, quelle belle fête ! « mais comme au ciel elle sera plus belle encore ! « Allons-y tous pour en jouir ! »

Puis entrant au salon, il trouvait toujours des choses consolantes à répéter, disant avec une vive émotion à la mère entourée de ses enfants : « Faites-en des saints; » et aux enfants qui se pressaient autour de lui, en posant ses mains vénérables sur leurs jeunes têtes : « Il faut bien aimer le bon « Dieu, mes enfants, pour qu'il nous mette tous « dans son paradis. »

Lors de la dernière visite qu'il fit, il trouva au

salon des fleurs et des guirlandes destinées à entourer immédiatement le Saint-Sacrement; alors, joignant les mains, il s'écria : « Mes enfants, que « c'est beau! que Notre-Seigneur sera content! « cela rappelle le ciel où les anges entourent le « bon Dieu! Là-haut, nous aurons toujours des « fleurs, nous serons près de Dieu, toujours! « Quel bonheur! et puis nous y serons tous, oui « tous! » Et les larmes noyaient sa voix; ses yeux, son expression n'étaient plus de ce monde; on comprenait que le voyageur touchait au but, que le prisonnier sentait se briser sa dernière chaîne ! Tout son entourage était tombé à genoux, écoutant et pleurant de joie, car cet élan d'amour de Dieu s'était terminé par une douce promesse, ce consolant rendez-vous au ciel : « Nous y serons tous. » Lorsque, trois mois plus tard, le Curé d'Ars quittait la terre pour le ciel, tous ceux qui l'avaient vu et entendu pendant cette dernière visite, ne doutèrent pas qu'il n'ait eu alors la double vision du terme rapproché de ses souffrances ici-bas et de sa couronne céleste.

En écrivant ces souvenirs, nous ne nous écartons pas de celui de notre bon frère Jérôme. On ne peut pas séparer le rayon de son foyer, et il

était là, debout près de son maître, partageant
l'émotion des habitants du château et se faisant
même l'interprête de leurs demandes. Ensuite.
la sainte caravane se remettait en route pour le
village. Mais quelques instants après, on voyait
revenir le frère Jérôme pour aider à l'achèvement
du reposoir, et il ne repartait que lorsqu'il n'avait
plus de services à rendre... Il ne s'en allait pas
pour se reposer, loin de là, puisque les frères
étaient aussi chargés d'élever un reposoir près de
leur maison, et le sacristain, étant nécessaire partout, se multipliait pour suffire à toutes les occupations de cette belle journée.

Mais la soirée amenait l'heure du triomphe et,
sur les 5 heures, les cloches annonçaient que Dieu
allait parcourir en Père le petit vallon dont il
était si bien le Roi ! Le saint Curé portait le Saint-
Sacrement, et l'amour divin le portait lui-même.
Le trajet était long, l'ostensoir bien lourd pour
ses mains amaigries; mais les ardeurs du séraphin remplaçaient les forces épuisées de l'homme.
La procession s'avançait majestueusement au
chant des cantiques et aux détonations des boîtes.
La dernière année de la vie de M. Vianney, les
Révérends Pères de Mongré avaient bien voulu

envoyer leur harmonieuse fanfare pour lui faire plaisir, et on avait décidé que cette délicate attention serait pour lui une joyeuse surprise. On fit donc cacher les musiciens dans un bosquet de verdure, et ils ne trahirent leur présence par leurs accords que lorsque le Saint-Sacrement parut à la grille sous les tilleuls. Cet instant fut si solennel, si saisissant, que l'entourage du saint Curé le vit tressaillir et ensuite pleurer de joie ! Le frère Jérôme, qui marchait près du dais, l'a redit bien souvent : « Monsieur le Curé a été si heureux qu'il en pleurait. » Et pendant tout le retour de la procession, en entendant les morceaux graves et religieux que jouaient les élèves, son expression annonçait un véritable bonheur.

Le lecteur ne nous en voudra pas si nous avons un peu longuement parlé de ces fêtes ; non : parce que M. Vianney en était l'âme, et ceux qui aiment Ars accueillent avec bonheur tous les échos qui leur redisent les saintes joies du passé. Depuis lors, le temps a moissonné bien des vies, bien des tombes se sont creusées et l'horizon s'est assombri pour ceux qui restent. Mais si la douleur s'est étendue comme un voile sur cette verdure si riante alors, l'oubli ne l'a pas suivie. On aime à se souvenir au château d'Ars, et Dieu y vient toujours, non plus seulement pour bénir, mais pour consoler !

Ce n'était pas uniquement pour la solennité du Saint-Sacrement que le frère Jérôme montrait une ardeur si touchante ; mais toutes les fêtes le retrouvaient occupé à les préparer et à multiplier ses efforts pour leur donner un vif éclat. Les premières communions étaient des journées laborieuses pour lui, car s'il s'appliquait à parer les autels de son mieux, il était encore plus occupé à transformer en tabernacles vivants les cœurs des enfants qui s'approchaient de la Sainte Table.

Une mission, une retraite, les prédications du mois de Marie mettaient la joie au cœur du bon frère, qui partageait le zèle de son vénérable Curé pour la conversion des pécheurs. Il redoublait d'efforts afin que les exercices fussent bien suivis et, par ses prières, devenait un auxiliaire pour le prédicateur.

Les réceptions d'Evêques le trouvaient infatigable. Il exécutait avec empressement tous les ordres qu'on lui donnait, surmontait toutes les peines pour que le premier Pasteur du diocèse trouvât à Ars un accueil sympathiqne. Il assista successivement aux visites pastorales de Mgr Chalandon et de Mgr de Langalerie, à celle de Mgr Richard, et cet humble religieux sentait naître en lui une noble fierté en voyant l'émotion des prélats et l'enthousiasme des fidèles.

Nous n'oublierons jamais l'entrain qu'il apporta à la décoration d'un bel arc de triomphe, **élevé à** l'entrée du village pour la réception de Mgr Richard. Sachant bien que la verdure est le plus bel ornement de ces sortes de monuments, il alla bien loin en chercher. Les enfants, qui firent partie de cette excursion, aiment encore à raconter la bonté et la tendre sollicitude du bon frère Jérôme pour eux, et celui qui après avoir été son élève docile est aujourd'hui son remplaçant zélé dans l'emploi de la sacristie, nous disait, il y a peu de temps, que pendant cette course il ne négligea rien pour leur épargner de la peine, et qu'elle fut une nouvelle occasion de prouver sa vigilance et sa tendresse pour les enfants.

Ces petits détails feront peut-être sourire le lecteur qui n'a pas connu le frère Jérôme; mais ils seront aimés de ceux qui se rappellent l'homme doux et bon que nous essayons de faire revivre. Quand on a connu et apprécié le modèle, on est heureux de retrouver de la ressemblance jusque dans les plus petites lignes de l'esquisse. Pour que cette ressemblance fût complète, il faudrait bien des pages, redire bien des souvenirs, gravés par cette inaltérable bonté, par ce zèle incessant, dans des mémoires fidèles; mais les proportions de notre petit volume ne nous le permettant pas, nous nous sommes bornés à parler des principales occupations du frère sacristain, à donner une idée de son enthousiasme en face des beaux ornements, de sa joie vive et fervente en assistant aux fêtes religieuses, et nous avons fait la peinture de celle où il déployait le plus d'empresse ent.

Avant de terminer ce chapitre nous dirons un mot de la prière du soir qui réunissait tous les fidèles à l'église. Elle se faisait à la nuit tombante et la foule nombreuse, la piété, l'attention qu'on y apportait, en faisaient un spectacle consolant. Le frère Jérôme, après avoir allumé des cierges pour éclairer l'église, se tenait à la sacristie et attendait là ceux qui venaient faire des recommandations de prières. Après l'*Angelus* commençait immédiatement le Chemin de la Croix qui, depuis, se fait tous les jours dans le sanctuaire d'Ars. L'assistance entière le suivait avec recueillement. La voix du frère Jérôme avait l'accent de sa foi; elle était forte et on entendait très-distinctement les prières qu'il récitait.

A l'époque où l'affluence du pèlerinage était si grande que les missionnaires et les frères étaient surchargés d'ouvrage, le Chemin de la Croix se faisait tous les jours, à 4 heures, dans la chapelle de la Providence. Un des excellents chrétiens dévoués à M. Vianney était chargé de le réciter, et il s'en acquittait avec exactitude et piété. Ce ne fut qu'après la mort du serviteur de Dieu qu'on établit l'usage de le faire à l'église à l'issue de la prière.

Comme on le voit, le frère Jérôme achetait bien son repos du soir; mais encore n'arrivait-il à le prendre qu'à une heure tardive. Il rentrait dans sa petite chambre, fatigué, las; et bien souvent alors il était obligé de répondre aux nombreuses lettres qu'il recevait des pèlerins. « Et, écrit-il à sa sœur, « si je continue à recevoir des lettres, il me fau- « dra tout-à-l'heure un secrétaire; j'en reçois de « Rumilly, de Lyon, de Paris; mais tu peux bien « croire que ce n'est pas à moi qu'on en veut. Je « suis à peu près comme ce marguillier qui se

« vantait d'avoir sonné le sermon d'un célèbre
« prédicateur. »

« Voilà dix heures du soir, je vais commencer
« ma quatrième lettre. Ce qui se passe ici me
« frappe de plus en plus ; la foule, les guérisons,
« les conversions, tout se multiplie, on peut bien
« dire *que le doigt de Dieu est là !* »

Complaisant dans la journée, le frère Jérôme
l'était encore le soir, et il se privait de sommeil
pour écrire à ceux qui de loin faisaient des appels
à sa charité. Aussi, combien ne devait-il pas être
doux et profond le repos qu'il goûtait après une
journée si bien remplie ! Quel calme devait succéder à ces agitations ! car le devoir accompli donne
à l'âme la paix de la conscience, et la pratique de
la charité est pour le cœur une source de joies aussi
douces que rares. Le frère Jérôme s'endormait
donc, entouré des bons anges de tous ceux qu'il
avait obligés, et Dieu le bénissait comme un bon
et fidèle serviteur !

CHAPITRE VIII

Le frère Jérôme et le curé d'Ars.

SES SOINS POUR MONSIEUR LE CURÉ. — SON AFFECTION
POUR LUI. — DÉSIR EXPRIMÉ PAR LE VÉNÉRABLE
PRÊTRE DE NE PAS LAISSER CHANGER LE FRÈRE
JÉRÔME.

> Tout ce que vous êtes, tout ce que
> vous pouvez, vous le devez à celui
> qui vous appelle.
>
> St BERNARD.

Si le frère Jérôme remplissait avec zèle tous ses
devoirs, il y en avait un dont il s'acquittait avec
amour ; c'était celui, bien doux, d'entourer de ses
attentions et de soigner M. Vianney. Ce devoir était
pour lui un bonheur qui le reposait de toutes ses fatigues, et le dédommageait de toutes ses peines. Que
peut-il exister de plus consolant, en effet, que de servir un saint ! que d'être le témoin constant d'une vie
angélique ! Et si ce spectacle charme les yeux,

combien plus encore il enflamme le cœur et élève l'âme au-dessus des misères terrestres ! Du matin au soir le frère Jérôme jouissait de cette immense faveur, et seules, les heures que le saint Curé passait au confessionnal, le séparaient de lui. Mais en sortait-il, ou y rentrait-il? frère Jérôme était là comme une sentinelle vigilante et comme un gardien fidèle.

Aussi, comment redire la douceur des relations entre le maître et le disciple, la bienveillance de l'un et les attentions de l'autre? Comment peindre les liens de tendre charité qui unissaient le curé d'Ars et le frère Jérôme? Cet attachement si profond, si céleste, ne peut être défini que par ce mot de nos livres saints qui consacre à jamais les saintes affections : *Voyez comme ils s'aimaient !*

C'est que tous les sentiments chrétiens remplissaient le cœur du bon frère à l'égard de son saint Curé ! Amour filial pour ce père qui le traitait avec tant de bonté ; soumission entière pour ce maître éclairé, qui le conduisait si sûrement en lui distribuant à propos les épreuves et les consolations; confiance du disciple qui écoute les leçons et suit les exemples du maître; abandon de l'enfant qui aime et qui croit : il avait tous ces

sentiments, toutes ces dispositions, et on peut dire
que deux pensées uniques absorbaient sa vie, que
deux seuls mobiles l'occupaient : Dieu et son fervent ministre.

Nous avons dit que ses soins pour M. Vianney
commençaient le matin au pied des saints autels.
Après le saint Sacrifice, lorsque, exténué par les
fatigues prolongées du confessionnal, épuisé par
la nécessité de parler à tant d'âmes, le saint
homme allait prendre le peu de lait qui composait
son déjeûner, le frère Jérôme le conduisait dans
sa chambre et assistait à cette pauvre collation,
que la mortification du serviteur de Dieu dimi-
nuait tous les jours.

Nous aimerions à savoir et à redire toutes les
paroles échangées entre ces deux belles âmes,
pendant ces quelques moments d'intimité; mais
l'humilité n'a point révélé ces grâces ineffables.
Seuls, des échos fidèles nous ont appris que souvent ces paroles étaient des leçons. Ainsi, un jour
le frère Jérôme, remarquant que M. le Curé portait à sa bouche un seul morceau de pain, et
qu'il buvait ensuite sa petite écuelle de lait, ne
put s'empêcher de s'écrier : « Mais, M. le Curé, si
« vous cassiez votre pain dans le lait ce serait bien

« meilleur. » « Je le sais bien, » se contenta de répondre l'homme de Dieu, mettant dans ces quatre
mots une profonde leçon de mortification. Le
frère Jérôme la comprit, et médita ces paroles qui
lui apprenaient que se mortifier consiste surtout
à renoncer à une douceur que l'on connaît.

La foule, qui formait deux haies vivantes de la
porte du clocher à celle de la cure, attendait la
sortie du vénérable prêtre, et lorsqu'il reparais-
sait, elle se jetait à genoux et rendait le passage
presque impossible. C'est alors que le frère Jérôme devenait visiblement son ange gardien : ses
bras l'entouraient comme des ailes pour le protéger et, à travers la foule compacte des pèlerins, il
ouvrait comme un sillon qui permettait à l'homme
de Dieu de regagner l'église et son confessionnal.

Et encore, à la porte de ce confessionnal, que de
combats terminés par l'intervention du bon frère !
que de querelles apaisées par lui ! Il s'établissait
une sorte de lutte entre toutes ces âmes qui voulaient la lumière, qui venaient de tous les pays,
qui arrivaient dans tous les états, malades, et
souvent mortes à la grâce ; et il fallait la fermeté
du frère pour maintenir chacun à son rang ; il
fallait son calme pour opposer une patience sans

faiblesse à ces réclamations. Mais nous reparlerons plus loin de ses rapports avec les pèlerins.

Même au confessionnal, M. Vianney était protégé par le frère Jérôme et, à onze heures, lorsqu'il en sortait pour faire ces catéchismes qui ont laissé tant de souvenirs, il retrouvait son secours pour arriver à la petite chaire où il allait faire à la fois deux prédications, celle de sa présence et celle de sa parole.

Pendant son repas, dont tout le monde connait l'austérité, le frère Jérôme partageait avec Catherine Lassagne l'honneur et le bonheur de le servir. Tous les deux essayaient de lui faire prendre un peu plus de nourriture; mais leurs efforts échouaient devant ses désirs de faire pénitence, et leur zèle pour la santé de leur saint curé trouvait là un obstacle infranchissable.

Après ce dîner, plus sobre encore que celui d'un solitaire, le frère Jérôme accompagnait M. le Curé dans une petite promenade qui avait quelquefois pour but la visite des malades, et toujours la maison des missionnaires.

En 1853, Mgr Chalandon avait donné une douce consolation et un puissant auxiliaire au bon Curé en nommant un missionnaire du diocèse pour

remplacer à Ars le vicaire qu'il en retirait. Ce fut
M. Toccanier que désigna le Prélat pour remplir
près de M. Vianney cet office important. Ce choix,
fait dans une famille religieuse qu'il aimait particulièrement, et qui lui promettait un véritable secours dans son vicaire, remplit de joie le bon
Curé. Son cœur si affectueux en fut heureux,
et il ne cessa jamais de l'exprimer dans les termes les plus aimables.

Dès son arrivée, M. Toccanier devint, avec le
frère Jérôme, le compagnon inséparable du Curé
d'Ars, recevant ses confidences et ne le quittant
que pour accomplir les fonctions de son laborieux
ministère, de sorte que leurs vies furent bientôt
intimement liées l'une à l'autre. Lorsque la foule
devenait trop nombreuse et que les occupations
augmentaient, on réclamait un secours de Pont-
d'Ain, et un ou deux missionnaires accouraient
pour prendre leur part de ce labeur incessant.
M. le Curé les appréciait; chaque fois qu'ils
arrivaient, il les accueillait avec des paroles gra-
cieuses et témoignait une joie sincère en les in-
troduisant sur le théâtre de ses travaux aposto-
liques.

Quand leur bon et digne supérieur, Monsieur

Camelet (1), venait aussi partager les fatigues de ses enfants à Ars, le saint Curé lui faisait une réception bonne et cordiale, telle que la méritait cette âme d'apôtre, si ardente et si généreuse. Il aimait tant les missions, et il en a tant fondé, que naturellement les missionnaires étaient ses enfants de prédilection.

Mais il nous faut revenir à M. Vianney, que nous avons laissé visitant ses malades ou ses missionnaires.

Le retour à l'église s'effectuait au milieu d'une foule si nombreuse que les deux bras du frère Jérôme devenaient une barrière insuffisante. Les missionnaires, le comte des Garets, les frères et quelques hommes dévoués et fidèles formaient alors un cercle autour du saint prêtre dont le passage, sur la place ou dans les chemins de son village, ressemblait à un triomphe.

Il y a des spectacles dont on bénit Dieu de nous en avoir fait les témoins, et dont ni le temps ni les événements n'affaiblissent jamais le souvenir. Nous voudrions pouvoir graver dans ces pages, comme nous l'avons dans la mémoire, celui

(1) Voir Note n° VIII.

de ce prêtre, à la figure amaigrie et souffrante, entouré de cette multitude de pèlerins. Nous le voyons toujours marcher en distribuant des bénédictions et des médailles, parlant en souriant ou en pleurant, et s'arrêtant pour répondre aux nombreuses questions qu'on lui adressait. Son regard avait un éclat et une profondeur qui terrifiait les pécheurs et qui remplissait les justes d'admiration. Mais il est impossible de tracer un semblable tableau, et le récit le plus fidèle restera toujours pâle à côté de la réalité.

M. le Curé n'apparaissait jamais qu'entouré d'un cercle d'amis dévoués. Au premier rang on voyait le comte des Garets, maire d'Ars, qui, pendant quarante ans, a vécu près du serviteur de Dieu, toujours prêt à lui rendre service, le secondant dans ses œuvres et lui vouant un attachement fidèle ; puis M. Toccanier : comme nous venons de le dire, il était venu faire goûter au saint Curé la douce joie de se sentir secondé dans son ministère par un amour et un respect filial. A eux se joignait souvent M. de la Bastie, que le vénérable Curé aimait particulièrement. Ce chrétien dévoué s'était fait paroissien d'Ars pour vivre près du pasteur dont il comprenait si bien les enseignements, et il lui donnait en toute occasion les preuves d'un dévouement incomparable. Venait encore le frère Athanase pour lequel nous avons dit l'affection de M. Vianney.

Au milieu de ce groupe fidèle, après avoir regardé celui qui en était le centre, on aimait à voir la figure du bon frère Jérôme, souriante et heureuse des marques de vénération qu'on prodiguait à son maître, et inquiète lorsque les rangs se serraient. Arrivé à la porte de l'église, le saint curé remerciait gracieusement son escorte et se remettait à confesser. Jusqu'à la prière du soir, l'athlète combattait dans l'arène, aux prises avec le péché sous toutes ses formes. Il n'en sortait que pour monter en chaire vers les sept heures. Sa voix semblait alors épuisée ; une toux fréquente lui déchirait la poitrine, à peine entendait-on les paroles qu'il prononçait. Mais on voyait les larmes qu'il versait, et on était touché, ému. Quand il arrivait à ce passage : « Mon Dieu qui ne voulez pas que le pécheur périsse, » c'était une explosion de sanglots. Le saint homme n'adressait plus seulement une prière à Dieu ; il lui faisait comme une sainte violence pour les pauvres pécheurs, et Dieu l'exauçait toujours en lui amenant une foule de ces malheureux égarés, afin qu'il les empêchât de périr.

Ensuite il rentrait dans sa petite cure, et le frère Jérôme le suivait dans sa pauvre chambre, lui donnait des soins empressés et ne le quittait qu'après avoir rempli son rôle de serviteur dévoué. Nous aimons à nous représenter l'adieu de tous les soirs que devaient se dire le père et le fils, et qui sans nul doute, s'achevait dans une paternelle bénédiction que le disciple demandait avec amour et que le maître donnait avec reconnaissance.

Un soir, quelques minutes après sa sortie de la cure, le frère Jérôme y revint avec précipitation ; il faisait froid et il avait laissé son manteau dans la chambre du saint. « Pardon, M. le Curé, dit-il « en frappant à la porte, mais j'ai oublié mon man- « teau. » Alors, avec un fin sourire, M. Vianney lui répondit : « Eh bien, moi, mon ami, cela ne m'est « jamais arrivé.» — « Oh, oui, M. le Curé, parce « que vous n'en avez pas! » « C'est vrai, » répartit le saint, heureux de sa pauvreté.

La porte de la cure se refermait et les heures de la nuit ramenaient au serviteur de Dieu les épreuves et la lutte avec le démon. Mais les efforts de l'enfer étaient vains et chaque combat valait une victoire de plus à M. Vianney et une nouvelle défaite à l'esprit du mal.

Lorsque le Curé d'Ars succombait à ses fatigues et devenait malade, le frère Jérôme ne le quittait plus. Il passait les jours et les nuits auprès de lui, heureux de le servir, mais bien triste de le voir souffrir. Le 22 janvier 1852 il écrivait à sa sœur :
« Dans ce moment notre bon Curé est malade, et
« malgré ses souffrances rien ne l'arrête. Son zèle
« infatigable le met au-dessus des misères de
« cette vie ; la foule vient tous les jours assiéger
« son confessionnal et recevoir des paroles de
« consolation. »

Le 29 janvier 1855, il parle encore à sa sœur d'une nouvelle maladie du saint prêtre : « Notre
« bon curé a été malade ; mais il va bien dans ce
« moment. Je t'ai recommandée à ses prières. Tu
« me parles de tes peines : chacun a bien les
« siennes ; la vie n'est-elle pas faite pour souffrir?
« Mais c'est ainsi que nous mériterons le ciel ; il
« n'y a que cette pensée qui puisse nous consoler
« ici-bas. »

Comme on peut en juger par les deux passages de ces lettres, les leçons de M. Vianney n'étaient pas inutiles pour son élève, et le frère Jérôme montait pour ainsi dire chaque jour plus haut dans la voie de la perfection avec son vénéré maître. Il était complètement détaché de la terre, et il n'y vivait que pour obéir à Dieu et être utile à son serviteur.

Toutes les circonstances le trouvaient donc près du vénérable Curé, et tous les souvenirs des années qu'il a passées à Ars confirment cette admirable union.

Toutes les fois que M. Vianney manifesta sa volonté de se retirer dans la solitude « pour pleu-« rer, disait-il, sa pauvre vie,» le frère Jérôme fut toujours là pour le prier, le supplier de rester où Dieu l'avait placé. Au milieu de ses larmes, et en voyant le saint inflexible dans ses résolutions de retraite, il aurait pu s'écrier, comme autrefois saint Laurent : « Où allez-vous, mon père? où allez-vous sans votre fils? »

Dans la tentative de fuite qu'opéra M. Vianney en 1853, une correspondance particulière parle du zèle du bon frère Jérôme à découvrir les projets secrets du serviteur de Dieu, et sa promptitude à venir à 8 heures du soir au château, pour en instruire le comte des Garets. On raconte aussi sa joie en voyant que son trésor, son bien le plus précieux ne lui serait pas enlevé. Lui-même écrivait à sa sœur en cette occasion : « Je n'ai pas vu « mon frère parce que je ne suis pas sorti d'Ars. « La cause en a été que notre bon saint Curé a « failli nous quitter pour se retirer dans la re- « traite. Nous avons fini par le gagner en lui « faisant voir le bien qui s'opérait ici par son « ministère. »

Plus tard, en 1855, lorsque la famille du saint Curé voulut essayer de le faire venir à Dardilly, l'intéressante relation de son départ et de son retour, écrite par M. Toccanier et citée dans la *Vie de M. Vianney*, nous montre encore le frère Jérôme près de son maître. Du reste, rien n'avait pu séparer ce que Dieu avait uni si solidement. Le vénérable Curé ne pouvait pas se passer non plus de son serviteur qu'il aimait à nommer « son ami, *son camarade*; » et le frère Jérôme, sans son père et son maître, aurait été, comme nous le verrons plus loin, un corps sans âme.

Le fait suivant prouvera à quel point M. le Curé tenait à son frère sacristain.

En 1854, il fut question de placer à la tête d'un établissement le frère Jérôme. « Il devait « partir le lendemain, nous dit Claudine Du-

« noyer sa sœur de prédilection ; tout était prêt
« pour le départ. La veille, le Supérieur vint de
« Belley. La communauté d'Ars fut très-étonnée
« de cette arrivée que rien ne motivait, et le Su-
« périeur, s'apercevant de leur surprise, dit à ses
« frères qu'il avait senti le besoin pressant de ve-
« nir à Ars et qu'il était parti pour obéir à cette
« secrète impulsion. Dans la journée, le supérieur
« alla voir le Curé d'Ars qui le supplia de laisser
« auprès de lui le bon frère Jérôme. »

Sans doute le saint pasteur avait prié pour
conserver sa fidèle brebis, et Dieu, qui ne pouvait
rien lui refuser, avait envoyé au frère Gabriel
cette « secrète impulsion » qui le fit venir à Ars
pour lui donner l'occasion d'accéder à la demande
du bon Curé.

Le frère Jérôme fut heureux de cette decision.
Son départ eût été pour lui un sacrifice immense ;
aussi, lorsque l'obéissance, qui devait le faire partir, lui dit de rester, il éprouva une joie bien vive.
Voici dans quels termes il instruisait sa sœur de
l'épreuve qui l'avait menacé.

« Ars, 4 maj 1854.

« J'ai été un peu inquiet ces jours passés, le
« bon Dieu voulait m'éprouver. J'ai été sur le

« point de changer de poste, et tu comprends
« combien ç'aurait été pour moi un grand sa-
« crifice de quitter ce bon et saint Curé! Mais,
« l'obéissance et la sainte volonté de Dieu me
« faisaient un devoir de l'accepter. Souvent,
« lorsque l'on croit que tout est perdu, c'est alors
« que tout est sauvé. Notre bon Supérieur étant
« venu nous voir, M. le Curé l'a prié de me
« laisser. Maintenant j'espère y être encore pour
« quelque temps. »

Le bon saint n'avait pas eu de peine à gagner
sa cause. Le cœur du frère Gabriel était aussi un
cœur de saint, son histoire nous l'a appris, et
lorsqu'il pouvait concilier son devoir avec un
désir exprimé par le prochain, il s'y prêtait volontiers. Entre lui et le Curé d'Ars, il y avait une
sympathie qui naissait de la vertu ; et puis, cette
parole prophétique ne s'était-elle pas réalisée :
« La maison d'Ars deviendra le second établissement de votre Congrégation? »

Dans le cœur du frère Jérôme, un seul sentiment égalait son amour pour M. Vianney, c'était
la vénération qu'il lui avait vouée. Quand il en
parlait, il le faisait avec une conviction, une
ardeur qui le transportait. Aussi, malheur à

quiconque avait le mauvais goût d'essayer une critique! « Taisez-vous, dit-il un jour à un imprudent, vous ne savez pas ce que vous dites. »

Nous trouvons dans les notes du frère Athanase un exemple qui dira, mieux que nous, ce que le frère Jérôme pensait de M. Vianney : « Reçu une « fois à l'archevêché de Chambéry par son neveu « M. l'abbé Dunoyer, secrétaire particulier de « Mgr Billiet, frère Jérôme fut admis à la table de « son Eminence. La conversation roula sur le « Curé d'Ars (qui était mort depuis quelque « temps). Frère Jérôme en parla avec sa verve or- « dinaire. Vers la fin du repas, Mgr Billiet dit en « plaisantant : « Tout de bon, mon cher frère, « vous croyez donc que le Curé d'Ars était un « brave homme? — Monseigneur, répondit très- « sérieusement frère Jérôme en frappant sur la « table, non-seulement le Curé d'Ars était un « brave homme, mais c'était un saint! »

Et qui pouvait mieux le savoir que le frère Jérôme, lui, le disciple attentif, le témoin intelligent de tant de merveilles! Quel témoignage pouvait être plus certain que celui du serviteur fidèle! Cette attestation de la sainteté de son bon Curé n'en est-elle pas une preuve irrécusable?

Oui; et c'était en outre l'expression de l'opinion populaire. Mais l'Eglise, avant de prononcer ses décisions infaillibles, veut procéder avec sa prudente sagesse. Nous nous inclinons avec amour et respect sous son autorité, et en attendant qu'elle nous permette de dire tout haut ce que nous disons dans le secret de notre cœur, nous espérons qu'un jour sa grande voix répétera à tout l'univers ce que frère Jérôme disait à Chambéry en parlant de M. Vianney : « C'était un saint! »

CHAPITRE IX

Le frère Jérôme et les pèlerins d'Ars.

ÉGALITÉ DE CARACTÈRE. — ACCUEIL BIENVEILLANT. — CHARITÉ INÉPUISABLE. — AFFECTION DES PÈLERINS POUR LUI.

> La perfection de la vie chrétienne
> est toute dans la charité.
> SAINT THOMAS.

C'est la plus grande épreuve que puisse subir un caractère que celle d'un contact incessant avec un public toujours nombreux et qui se renouvelle à chaque instant. Mais ce qui souvent est un échec pour beaucoup, fut un triomphe pour le frère Jérôme.

Il nous sera difficile de redire son angélique patience au milieu de la foule qui assaillait jour et nuit le Curé d'Ars; étant toujours près de son maître, naturellement il partageait ses peines et ses fatigues. Mais, comme lui également, il n'avait pas une parole brusque, pas un geste impatient en face des exigences des pèlerins : il n'avait au contraire que des mots encourageants et des preuves d'intérêt à donner à tout le monde.

Laissons parler un instant son directeur et son ami, le frère Athanase, et celui-ci nous peindra comme témoin, pendant 25 ans, cette égalité de caractère, cette charité qui faisait le bonheur et l'admiration de tous.

« Que dirai-je de ses complaisances pour les
« nombreux pèlerins qui réclamaient son assis-
« tance, soit pendant la vie, soit après la mort du
« vénérable Curé d'Ars ? Sa bonté, sa charité pour
« eux bien connue lui avait gagné de bien tou-
« chantes sympathies. Rien ne lui coûtait pour
« leur être agréable : il laissait tout, il oubliait
« même de prendre ses repas ou les laissait à
« moitié pris, dès le moindre signe. Combien de
« fois ai-je été obligé de l'aller chercher pour les
« lui faire prendre et de le retenir pendant qu'il
« les prenait ! Ces privations si souvent répétées
« ont certainement contribué beaucoup à altérer
« sa santé.

« Jusqu'à la fin cette complaisance ne s'est pas
« démentie ; je le vis quelques jours avant sa
« mort et une de ses préoccupations était de
« savoir si son remplaçant avait bien soin des
« pèlerins.

« Ceux-ci lui en conservent un bon souvenir,
« et bon nombre de ceux qui reviennent à Ars
« veulent avoir sa photographie.

« J'ai vu de son vivant des pèlerins le remer-
« cier pour des grâces qu'ils disaient avoir obtenues
« par ses prières. Non-seulement il voulait être
« agréable aux pèlerins, mais encore leur être
« utile. Il les introduisait auprès du saint Curé
« et les plus malheureux, les plus souffrants
« étaient ses préférés. Puis il faisait chaque jour
« le chemin de la Croix, récitait le chapelet en
« public et d'autres prières auxquelles les pèlerins
« assistaient volontiers. — Il faut bien les faire
« prier, disait-il, ils ne viennent ici que pour
« cela ! »

Si on invoquait le témoignage des pèlerins eux-
mêmes, combien viendraient déposer que, sans la
charité du frère Jérôme, beaucoup seraient re-
partis sans emporter leur conversion, et beaucoup
d'autres, sans obtenir la guérison de leurs infir-

mités corporelles ! Combien viendraient nous redire que sa complaisance était un si puissant secours pour eux, que tous ceux qui en ont reçu les preuves ne sauraient jamais l'oublier !

Il fallait le voir, ce pauvre frère Jérôme, voulant « faire plaisir » à tout le monde, et cependant protéger son vénérable Curé contre les saintes importunités dont il était l'objet ! Le matin, par exemple, quand, après sa messe, M. Vianney entrait dans la petite sacristie du clocher et que, debout contre le meuble qu'on y voit encore, il signait des images, bénissait les objets de piété et donnait des médailles, la foule alors était plus envahissante qu'un torrent ; elle aurait étouffé l'homme de Dieu, si son fidèle sacristain n'avait pas fait des miracles de défense. Il parlait, il repoussait les plus pressés, mais toujours doucement, car frère Jérôme était comme le frère Léon de saint François d'Assise, un « doux agneau du Seigneur. » Que de fois ne l'avons-nous pas entendu répéter : « Les uns après les autres ; attendez, votre tour arrivera ; » et les pèlerins, dociles à cette voix, devenaient plus patients.

Quelquefois le Curé d'Ars voulait l'éprouver. Un jour où frère Jérôme s'était donné encore plus de peine qu'à l'ordinaire pour établir un petit vide autour de son maître, celui-ci s'avança en souriant vers les pèlerins en disant : « Venez, mes petits, entrez. » A cet appel, les rangs se doublaient, les flots se précipitaient et notre bon frère courbait la tête avec humilité et soumission. M. le Curé renouvelait souvent cette épreuve, et un jour, une per·onne qui en fut témoin, dit au bon frère : « Frère Jérôme, quand vous vous êtes bien donné la peine de faire reculer les pèlerins et que M. le Curé va les appeler, cela ne vous fait-il rien ? « — » Oh! si, répondait-il simplement, cela fait un peu souffrir l'amour-propre. »

Mais depuis longtemps l'humble religieux foulait aux pieds cet amour-propre que l'épreuve l'aidait à détruire, et sa profonde humilité lui attirait toutes les sympathies. Quiconque voyait le frère Jérôme ne pouvait s'empêcher de l'aimer et de l'admirer ; tant il est vrai que la vertu modeste a un charme que l'on ne peut nier et des attraits auxquels on ne peut résister.

Aussi, comme l'a dit le frère Athanase, ce n'était pas au service des grands et des heureux que se mettait avec le plus d'empressement ce cœur dévoué. Il recherchait de préférence les êtres

les plus souffrants, les plus misérables, les cœurs
les plus affligés, et prenait en main leur cause
avec un zèle tout particulier, ne s'épargnant aucune peine pour les faire arriver au saint Curé, et
ne se donnant aucun repos avant d'avoir vu leurs
larmes séchées et la consolation entrer dans ces
pauvres âmes.

Et il venait tant de malheureux à Ars ! De tous
les points de l'horizon, ils accouraient pour chercher ce que le monde ne peut donner, la résignation
et le calme dans les souffrances ; et « chose admirable, disait avec ravissement le frère Jérôme, ils
s'en allaient tous contents ! »

Il y avait des malades, des infirmes, des déses-
pérés dans cette foule, et le frère Jérôme avait
raison de le dire, ces pauvres déshérités de toute
joie humaine repartaient tous avec des sentiments
d'un bonheur intérieur qui les transfiguraient.
C'est que Dieu met au cœur de ses saints et dans
leurs paroles, cette onction divine qui calme la
douleur ou donne la force de la supporter.

En présence de ce touchant et sublime spectacle
d'une multitude qui vient demander les biens du
ciel, souvent il nous arrivait de penser à la piscine
de Siloë dont parle l'Evangile. Et, en effet, le

confessionnal du curé d'Ars n'était-il pas la piscine bénie d'où les âmes sortaient purifiées et fortifiées ? Et puisque cette comparaison est vraie, pourquoi ne dirions-nous pas aussi que l'ange qui prenait les malades pour les porter dans ces eaux salutaires, s'appelait ici le frère Jérôme !

Oui, que de fois, voyant un malade qui ne pouvait s'avancer vers M. Vianney, frère Jérôme n'est-il pas allé le chercher, le porter, pour ainsi dire, jusqu'au saint, afin qu'il reçût aussi sa part de bénédictions ! Si un affligé était sans force pour sortir et se mettre sur son passage, le frère Jérôme devenait encore son allié, et il travaillait jusqu'à ce que le serviteur de Dieu fût allé le voir ; ou bien, messager fidèle et discret, il venait répéter à son maître les confidences douloureuses qu'il était chargé de lui faire, et il retournait vite redire la réponse qui toujours était une invitation à prier et une promesse de consolation. Que de saintes commissions de ce genre a faites le frère Jérôme pendant les dix années qu'il a passées près de M. Vianney, non-seulement de vive voix, mais encore par écrit ! Presque à chaque page de sa correspondance on en retrouve des traces. C'est ainsi qu'il écrivait un jour à sa sœur Claudine :

« J'ai fait à notre bon Curé toutes tes commis-
« sions. Il m'a dit de faire pour Noël une neu-
« vaine à sainte Philomène, ensuite il m'a donné
« pour toi une médaille d'argent prise dans la
« boîte des amis! » (26 décembre 1856.) Cette
« boîte des amis » dont parle le frère Jérôme faisait bien des heureux; le saint Curé jetait à la
foule des médailles de cuivre qu'il portait dans
ses poches; mais lorsqu'il rencontrait une âme
privilégiée, et c'était toujours le malheur qui lui
donnait ce titre, il prenait une médaille dans une
boîte particulière que bien gracieusement il avait
nommée « la boîte des amis », et le frère Jérôme
avait une merveilleuse habileté à la lui faire ouvrir. Il est vrai que, dès qu'il la voyait s'épuiser, il
renouvelait la provision, et le saint Curé ne la
trouvait jamais vide.

Les pèlerins chargeaient le frère Jérôme de
donner médailles, chapelets et autres objets de
piété à M. Vianney; mais cette générosité avait
bien souvent pour but d'obtenir en échange ceux
dont il s'était servi lui-même. Le frère s'acquittait
fidèlement aussi de cette mission, et un jour il disait devant nous : « M. le Curé ne se sert pas
longtemps de ses chapelets : on me fait les lui

changer tous les quinze jours et même plus souvent. »

Quelques mois avant sa mort, le saint Curé fit appeler le frère Jérôme et lui dit : « Portez ce chapelet à telle personne, de ma part : elle est la seule de sa famille qui n'en ait pas reçu un de moi. » Cette heureuse personne ne l'attendit pas longtemps. Le frère Jérôme, certain de la joie qu'il allait causer, accourut bien vite auprès d'elle et lui répéta les paroles de M. Vianney en ajoutant celles-ci : « Oh! il aimait tant ce chapelet, dont les grains venaient de Terre-Sainte, que, pendant quatre mois, il s'en est servi sans que j'aie pu le lui changer contre ceux qu'on me donnait pour cela! » et il terminait par sa phrase accoutumée, qui révélait le dévouement de son cœur : « Je suis bien content de vous faire plaisir. »

Un des bonheurs du frère Jérôme était de voir des âmes converties par son saint Curé. Il pleurait de joie en entendant le récit de leurs luttes et de leurs victoires et, comme autrefois Marie à Nazareth, *il recueillait ces prodiges en son cœur pour les méditer!* (1)

(1) Saint Luc, II, 19.

Tout le monde connaît, ou a lu les appels si remarquables que le Curé d'Ars adressait, au milieu de la foule, à certaines âmes qui étaient terrassées par ce signe du serviteur de Dieu, comme saint Paul sur le chemin de Damas. Ces faits si merveilleux se reproduisaient tous les jours et, souvent même, plusieurs fois par jour. Le frère Jérôme en était le témoin ému, et lorsqu'il en faisait le récit, on voyait que ses lèvres traduisaient la profonde admiration de son âme.

Aucun exemple, aucun détail du pèlerinage n'était perdu pour lui. Il les voyait des yeux du corps et de ceux du cœur, et lorsque le soir on l'abordait en lui faisant cette question avec une pieuse curiosité : « Eh bien, frère Jérôme, quelles nouvelles y a-t-il aujourd'hui? » on recevait des réponses tellement intéressantes que le lendemain on revenait à la charge sans que le narrateur fidèle se lassât jamais. D'ailleurs son répertoire était inépuisable, et ceux qui ont fait le pèlerinage d'Ars pendant la vie de M. Vianney, comprendront bien que chaque journée faisait éclater des grâces nouvelles, et révélait des prodiges particuliers.

On venait vers le thaumaturge comme autrefois

on allait voir Jean-Baptiste dans le désert, et parmi la foule il se trouvait aussi des incrédules qui voulaient s'assurer par eux-mêmes de ce qu'était cet homme.

C'était là que la grâce les attendait ; car toujours, et après un premier coup d'œil sur la figure amaigrie, sur la démarche chancelante du serviteur de Dieu, ils étaient vaincus et croyaient au miracle de cette vie extraordinaire. « Ils venaient par curiosité, mais ils étaient pris au piége et ne repartaient que bien confessés et en pleurant de joie, » disait en riant le frère Jérôme. Que de fois il nous a raconté l'attendrissement de ces âmes égarées qui trouvaient ici le pardon et la paix ; et toujours sa voix avait la même onction en faisant ces récits. On pourrait presque dire, et ceux qui l'ont entendu ne nous démentiront pas, qu'il possédait admirablement l'art de toucher par sa parole naturelle et simple ; point de phrases sonores, point de mots éclatants dans la bouche du bon frère : non ; mais il savait raconter ce qu'il voyait, et il voyait bien parce que son cœur était pur : « *Bienheureux les cœurs purs car ils verront Dieu.* (1) »

(1) Saint Math., V, 8.

« Le frère Jérôme, nous disait encore, l'autre jour, un homme d'Ars, oh! il n'y en avait point comme lui pour raconter *les histoires* de M. le Curé ; aussi, le temps ne durait pas pendant ses visites. On aimait tant à le voir, et tout ce qu'il disait faisait tant plaisir ! et, ajoutait-il naïvement, on irait bien loin sans trouver son pareil ! »

Tous les pèlerins étaient de l'avis de ce brave homme et si nous citons les lignes suivantes c'est pour donner une idée de l'impression favorable, que le frère Jérôme laissait à ceux auxquels il avait rendu service.

Cette lettre nous a été communiquée par son directeur, qui se souvient toujours qu'en la lisant, le modeste religieux ne put s'empêcher de sourire d'étonnement, et de trouver que ce négociant de Roanne « ne le connaissait pas. »

« 5 août 1872.

« Très-vénéré frère Jérôme,

« Il est donc vrai que ma maison a été honorée
« de votre visite, et je n'y étais pas, et on ne vous
« a pas demandé de la bénir ! et on n'a pas même
« marqué la place que vous avez occupée!....
« Pourquoi suis-je parti juste la veille de votre
« passage à Roanne? J'aurais été si heureux de

« vous recevoir moi-même, je m'étais promis de
« vous demander de faire la prière du soir en
« commun dans ma famille et je vous aurais fait
« voir sous le globe de ma pendule la relique de
« M. le Curé d'Ars que je tiens de vous.

« Il est trop tard ! mais je sais que vous vous
« êtes assis à ma table, et j'ai le doux souvenir de
« vous avoir embrassé deux fois à Ars, car bien
« sûr vous avez dû embrasser votre vénérable
« Curé, vous, son serviteur en ce monde *et qui*
« *le serez assurément dans l'autre, car il*
« *vous demandera et ne voudra que vous !* Je
« reverrai encore la petite église d'Ars et j'aurai
« encore le bonheur de suivre votre Chemin de la
« Croix. Je crois que je finirais par me convertir
« si j'habitais Ars, et surtout si je vous voyais
« quelquefois !... »

Que de lettres il a reçues, ce bon frère Jérôme !
nous disait le frère Athanase, et toutes étaient
remplies de remercîments. Et aujourd'hui encore
son souvenir est si vivant parmi les pèlerins qui
ont pu juger de sa charité, de son égalité de caractère, que ce chapitre formerait à lui seul un
volume si nous voulions y reproduire toutes les
attestations de dévouement et de reconnaissance

données à sa douce mémoire. Mais dans ce champ si vaste de l'affection des pèlerins pour le frère Jérôme, nous ne pouvons que faire un choix, et nous borner à recueillir quelques-uns des témoignages nombreux qu'il en a reçus.

Nous terminerons ce chapitre en nous faisant l'écho d'un hommage bien doux, rendu à la mémoire du bon religieux. Il y a quelques mois à peine, le 25 juin 1878, son nom était prononcé dans la chaire d'Ars par une voix éloquente : Mgr de Langalerie, allant aux fêtes de saint Anthelme à Bellcy, s'arrêtait à Ars pour faire son pèlerinage.

En se retrouvant sur la tombe de celui qui est la gloire de son ancien diocèse, son cœur ne put contenir le flot touchant des souvenirs qu'il a conservés. Le matin, après sa messe, il les communiqua à son auditoire avec cette émotion du cœur et ce charme qui lui sont particuliers. Il parla du vénérable Curé ; il rappela ses vertus, sa mort, et voulant ajouter une auréole à cette sainte mémoire, il eut un mot pour tous ceux qui, après avoir entouré le saint pendant sa vie, gardaient fidèlement son tombeau. Le nom du frère Jérôme fut un des premiers échappés de son cœur et de ses lèvres : « Oui, c'est en vain que nous cher-

« chons la douce et humble figure de notre cher
« frère Jérôme ; il nous semblait que jamais elle
« ne dût disparaître d'Ars... Nous la voyons tou-
« jours souriante et bonne, et toujours près de
« celle de son maître. Bon frère Jérôme, doux et
« touchant souvenir, il n'est plus, il est au ciel
« avec le Curé d'Ars ; mais nous gardons sa mé-
« moire, et nous aimons à nommer ce fidèle ser-
« viteur si aimé de tous ! »

Notre récit n'est qu'une faible analyse de ces paroles qui firent répandre bien des larmes. Mgr de Langalerie a ce don de toucher les cœurs en parlant aux âmes. Ceux qui l'ont entendu à Ars n'oublieront jamais l'émotion que ses paroles ont causée, et ceux qui regrettent le frère Jérôme le remercieront toujours d'avoir si bien rappelé sa « douce et humble figure » dans ce sanctuaire où son souvenir est impérissable !

CHAPITRE X

Le frère Jérôme avec les élèves.

IL S'OCCUPAIT D'EUX LE JOUR ET LA NUIT. —
TÉMOIGNAGE DES ÉLÈVES SUR LE FRÈRE JÉROME.

> Le devoir c'est une chose qu'il faut
> faire, et la fin c'est le motif pour le-
> quel elle doit être faite.
> SAINT AUGUSTIN.

Si le frère Jérôme était charitable pour tout le
monde, son cœur si grand et si bon avait cependant ses préférences. Sa tendresse pour les élèves
du pensionnat, en particulier, faisait penser à l'a-
mour d'une mère pour ses enfants. Rien n'était plus
touchant, en effet, que de le voir entouré de cette
petite population qui demande tant de soins et
donne tant de soucis. Il avait un mot encourageant
et aimable pour tous, et, bien souvent, on le

voyait avec les plus jeunes élèves continuer son rôle protecteur du Rondeau.

Les nouveaux pensionnaires qui avaient un peu de peine à s'habituer à la vie de collége, trouvaient en lui un doux consolateur. Après la rentrée des classes, si on voyait frère Jérôme avec un enfant qu'il promenait et auquel il parlait tendrement, on disait, empruntant le langage des élèves : « C'est un nouveau qu'il habitue. » Aussi les enfants l'aimaient-ils avec effusion ; ils comprenaient le cœur de ce maître si parfait pour eux, et dès leur entrée au pensionnat jusqu'à leur sortie, ils répondaient à cette tendresse éclairée par un culte filial.

Lorsque le frère Jérôme tenait un tout petit enfant par la main, on ne pouvait s'empêcher de trouver que le même reflet d'innocence les couvrait tous deux et l'on n'était pas étonné de l'attrait irrésistible qui groupait souvent autour de lui ces petits cœurs et ces âmes encore pures.

Là, comme ailleurs, les souffrants et les malades avaient ses préférences ; il ne les quittait pendant la journée que pour ses occupations de sacristain, et, la nuit, il les entourait de tant de soins que c'est à peine si on obtenait de lui qu'il allât prendre quelques instants de repos. Les notes de son directeur nous le disent :

« Sa sollicitude redoublait lorsqu'il s'agis-
« sait des malades ; deux fois la rougeole sévit
« dans la maison, huit élèves en furent atteints
« une fois, et cinq une autre ; frère Jérôme les
« prit dans sa chambre et ne voulait céder à per-
« sonne le soin de ses malades. Il avait déjà passé
« cinq nuits malgré les frères qui veillaient à tour
« de rôle, et je fus obligé d'employer le comman-
« dement pour l'empêcher de continuer. Il se mit
« au lit par obéissance, mais il ne dormait pas ; il
« se levait à tout instant pour voir si rien ne man-
« quait à ses chers enfants.

« Pendant seize ans il a fait de sa chambre, à
« Ars, un dortoir où il n'admettait que les plus
« jeunes ; c'était un plaisir de voir les attentions
« délicates et les soins maternels, les *câlineries*
« mêmes dont il les entourait.

« Il s'occupait non-seulement des soins maté-
« riels, mais aussi et plus encore des besoins spi-
« rituels ; il leur suggérait de bonnes pensées,
« leur faisait de petites exhortations, leur appre-
« nait à prier, était enfin pour eux une tendre
« mère. Aussi un soir d'hiver, pendant qu'il arran-

« geait la couverture d'un enfant au lit, celui-ci
« lui dit : « Merci, frère Jérôme, ma maman
« faisait comme cela. » C'est de là que lui est
« venu le titre de *Maman* que, d'ailleurs, il justi-
« fiait si bien. »

Au moment des premières communions, qui
pourrait dire les soins du bon frère pour les
enfants qui étaient appelés à ce bonheur? Lui qui
voyait encore dans son passé ce jour solennel
comme le plus beau de sa vie, voulait qu'il fût
tel pour tous les enfants dont il était chargé ; aussi
n'épargnait-il rien pour venir en aide aux missionnaires et au frère Athanase pendant cette
préparation. Il employait la prière, les conseils,
les exhortations pour les rendre dignes de l'hôte
divin qui devait descendre en eux. Cette préoccu-
pation était si forte que, même sur son lit d'agonie, il se fit nommer les enfants de la première
communion, et demanda s'ils avaient accompli ce
grand acte avec la ferveur et les dispositions
nécessaires.

Le frère Jérôme veillait donc avec dévouement
sur les élèves en toutes circonstances, et aucun ne
quittait la maison sans emporter dans son cœur
ses touchantes recommandations pour la vie nou-

velle qui s'ouvrait devant lui. Si dans ces jeunes gens il découvrait des aptitudes pieuses, des germes de vocation, il bénissait Dieu et consacrait ses efforts à faire fructifier cette semence de salut. Aussi le témoignage suivant est-il écrit avec amour et reconnaissance par un des élèves des frères qui est aujourd'hui engagé dans la milice sacerdotale :

« Enfant d'Ars, élève des frères qui dirigent le « pensionnat, j'ai pu, durant sept années consé- « cutives, constater et apprécier le mérite du bon « frère Jérôme.

« Quand plus tard, il ne me fut plus donné de « jouir de sa compagnie que pendant mes vacan- « ces de séminariste, je le vois encore me serrer « dans ses bras avec une inexprimable tendresse, « soit à mon arrivée dans la paroisse, soit à mon « départ pour le séminaire, et il avait alors de si « bonnes paroles !

« Mais la bonté du frère Jérôme est devenue « proverbiale à Ars et dans les environs ; elle se « traduisait par cette douceur inaltérable, cette « affabilité, cette complaisance, ce dévouement à « toute épreuve, aussi bien que par ses autres « vertus qui en faisait un religieux accompli.

« Ce qui m'a beaucoup frappé en lui, c'est son
« esprit de foi. Comme il savait à propos nous
« parler du bon Dieu, nous faire admirer sa
« bonté ! Tantôt c'était en promenade à travers la
« campagne, ou bien dans la cour du pensionnat,
« lorsqu'il allait à l'église ou qu'il en revenait.
« Est-il nécessaire d'ajouter que ces causeries
« pieuses et familières portaient leur fruit ?

« Cette sage bonté ne l'empêchait pas d'user de
« rigueur lorsque l'occasion le demandait. Ainsi
« je me souviens qu'un dimanche où, enfants de
« chœur, nous attendions à la sacristie le moment
« de servir la messe, nous fûmes bien grondés
« par lui parce que, étourdiment, nous parlions
« trop haut. « Etes-vous en récréation ou dans la
« maison du bon Dieu ? » nous dit-il sévèrement,
« et il fut sur le point de faire venir d'autres
« enfants à notre place. La leçon ne fut pas
« perdue, et ces quelques paroles nous furent
« plus sensibles qu'une forte punition.

« MICHEL TOURNASSOUD. »

Il nous reste une autre attestation à produire ;
le nombre des signatures qu'elle porte en fait un
véritable monument élevé à la mémoire du bon
frère. Sur sa tombe, le marbre et la sculpture

n'attirent pas les regards, une simple pierre recouvre le religieux, pauvre après sa mort comme pendant sa vie; mais le souvenir et la reconnaissance y déposent des hommages qui le défendront de l'oubli à jamais.

La page qui va suivre a été écrite, au nom de tous les élèves d'Ars, par un jeune homme dont l'avenir sera digne du maître qu'il peint et qu'il vénère. Cet éloge si mérité est approuvé par tous ceux qui ont eu le bonheur de connaître frère Jérôme, et l'élan avec lequel, on l'a signé prouve la vivacité des souvenirs qu'il a laissés.

« Nous, soussignés, élèves de l'établissement
« des frères de la Sainte-Famille à Ars, et qui
« avons eu le bonheur d'y connaître le bon frère
« Jérôme et d'être l'objet de sa maternelle sollici-
« tude, déclarons que ce digne et regretté reli-
« gieux nous a toujours édifiés par sa régularité
« et sa ponctualité à remplir tous ses devoirs.

« Sa charité sans bornes, son amabilité inalté-
« rable, sa complaisance à toute épreuve, surtout
« envers les plus petits et les plus souffrants
« d'entre nous, sont les vertus qui nous ont le
« plus frappés en lui, et qui justifiaient si bien les
« preuves d'affection que nous nous plaisions à

« lui donner et qu'il acceptait avec un si bon
« sourire.

« Sa bonté pour nous s'étendait à tout : le jour,
« la nuit le trouvaient attentif à nos moindres
« besoins et on le voyait rayonnant de bonheur,
« lorsqu'il avait pu nous rendre quelque service
« ou seulement nous faire plaisir.

« Ses soins maternels ne se bornaient pas seu-
« lement au corps, mais il s'occupait aussi et sur-
« tout de nos âmes ; que de bons conseils, que de
« sages avis il nous donnait ! que de pieuses
« exhortations il nous faisait ! que de salutaires
« pensées, que de naïves petites prières il nous
« suggérait ! Jusqu'à ses douces réprimandes, tout
« était empreint de ce cachet de charité qui était
« bien sa vertu caractéristique.

« Néanmoins cette bonté, chez le frère Jérôme,
« n'allait pas jusqu'à lui faire tolérer le vice, au
« contraire il s'en alarmait d'autant plus qu'il
« nous aimait véritablement ; c'est pourquoi, il le
« reprenait avec fermeté et le punissait quelque-
« fois sévèrement. Mais on voyait qu'il faisait
« violence à son cœur, car il fallait faire de la
« peine à ceux qu'il appelait ses enfants !

« En un mot, frère Jérôme était véritablement
« l'homme juste et droit dont parle l'Ecriture.

« C'est avec un immense bonheur que nous lui
« donnons ce témoignage sincère de notre véné-
« ration et de notre reconnaissance :

Michel Mandy,	François Cinier,
J.-M. Dupuis,	Charbonnier,
Aimé Toccanier.	Ferdinand Crozier,
M. Bichonnier,	Jean-B^{te} Edouard,
Jean-B. Trève,	Antoine Peigneaux,
Joseph Toccanier,	Antoine Brunard,
François Cinier,	Jean-B^{te} Dupont,
Jean Cinier,	François Sève,
Gaspard Sève,	Jean Laissy,
Antoine Givre,	Jean-C. Drémieux,
Antoine Mandy,	Gustave Vernu,
Jean-C. Cinier,	A.-Benoît Trève,
Claude Lassagne,	J.-C. Mandy,
Jean Mandy,	Cendron,
Jean-Marie Charreton,	Jean Thenon.

« Ars, 1er novembre 1878. »

CHAPITRE XI

Le frère Jérôme avec ses confrères.

SA GRANDE COMPLAISANCE. — SES PRÉVENANCES. — SA SOUMISSION A SON DIRECTEUR.

> Dans la maison du juste qui vit de la foi, ceux qui commandent sont les serviteurs de ceux auxquels ils paraissent commander.
> SAINT AUGUSTIN.

Les religieux de la Sainte-Famille, comme les autres frères qui se dévouent à l'instruction et à l'éducation de la jeunesse, ont la touchante coutume de se donner entr'eux le doux nom de frère en le faisant précéder du mot « cher, » ce qui double le prix de cette appellation fraternelle. Ce titre d'union et de sympathie était donné avec bonheur au frère Jérôme qui était particulièrement « cher » à sa famille religieuse. Ses supérieurs l'aimaient et l'estimaient comme il devait l'être; ils savaient de quoi était capable cette vertu modeste mais si solide : à Belmont et à Belley, ils l'avaient vue à l'œuvre. Ses confrères avaient pour lui des sentiments d'une profonde affection et, dans la Congrégation, le cher frère Jérôme était souvent cité comme un modèle et donné en exemple.

En effet, le contact de cette âme si pure avec celle du Curé d'Ars avait perfectionné le religieux dans le frère Jérôme. Il en était venu à ce point d'abnégation où l'on s'efforce de mourir à soi pour revivre dans les autres. Il n'avait plus qu'un désir, obliger quelqu'un; plus qu'un but, faire plaisir. La charité était la règle de sa conduite et il n'était heureux de sa journée que s'il avait eu l'occasion de satisfaire son désir, rendre quelques services.

Dans les premiers temps de son séjour à Ars, alors que ses charges multipliées l'accablaient d'occupations, il savait encore trouver les moyens de venir en aide à ses confrères, ne reculant devant aucun travail pour ménager aux autres du repos. Aussi les religieux, qui avaient eu le bonheur de vivre avec lui, conservaient un souve-

nir reconnaissant de son ardente complaisance.
Mais, ici encore, laissons la plume au frère
Athanase :

« Frère Jérôme affectionnait sa Congrégation
« de toute son âme; il en avait fait sa seconde
« famille, rien ne lui coûtait lorsqu'il s'agissait
« d'en prendre les intérêts spirituels et temporels.
« En religieux plein de foi, il en suivait la règle
« avec la plus minutieuse ponctualité.

« Il aimait ses frères en religion d'un amour
« vraiment cordial; rien ne lui paraissait pénible
« pour leur rendre service ou seulement leur faire
« plaisir. Ceux qu'il voyait dans la peine, dans la
« souffrance, étaient ceux auxquels il s'attachait
« de préférence; il leur rendait les services les
« plus bas, les plus humbles, avec une charité
« toute fraternelle. Je l'ai vu plusieurs fois pro-
« mener sur ses bras dans la maison un frère at-
« teint de rhumatismes, et cloué sur son lit par
« des douleurs qui lui arrachaient des cris aigus.
« Il avait suffi que ce frère lui eût dit que cette
« promenade lui procurait quelque soulagement,
« pour que frère Jérôme s'y prêtât de tout son
« cœur.

« Sensible aux prévenances, il les employait

« constamment pour les autres, mais jamais il ne
« les réclamait pour lui; il ne paraissait nulle-
« ment offensé d'un manque d'égard. Il remer-
« ciait toujours avec effusion pour le moindre
« service qu'on lui rendait.

« Il portait à ses supérieurs un respect et un
« amour filial, les regardant comme les représen-
« tants de Dieu. Il recevait leurs ordres, leurs
« moindres désirs, comme venant du ciel. Jamais
« un mot, à peine une observation lorsque les
« circonstances paraissaient l'exiger; mais reçue
« ou non, il était satisfait et faisait la chose avec
« une exactitude scrupuleuse. Pendant les 25 ans
« que nous avons vécu ensemble à Ars, nous
« n'avons jamais eu le plus petit différend, tant
« étaient grandes son abnégation et sa soumis-
« sion religieuse !

« Il ne pouvait souffrir que l'on parlât mal de
« qui que ce soit, mais moins encore de sa Con-
« grégation, de ses supérieurs ou de ses confrères.
« Il interrompait adroitement, parfois sévère-
« ment, changeait la conversation, et lorsqu'il ne
« le pouvait pas, il gardait le silence; on le voyait
« alors mal à son aise, et souvent il s'en allait. »
Les vertus que signale le frère Athanase bril-

laient d'un vif éclat aux yeux de tous et faisaient comprendre que le frère Jérôme était un trésor pour sa Congrégation.

A Belmont, il avait été héroïque au milieu des épreuves, et tous les novices lui avaient voué un attachement que la profession religieuse à Belley avait encore doublé. A Grenoble, aux vertus qui font aimer, le frère Jérôme avait joint les qualités qui imposent le respect; aussi était-il, pour la maison qui le possédait, un secours très-efficace et très-apprécié.

A Ars, il justifia de si heureux commencements et fut l'ami de tous. On l'appellait partout, on avait besoin de lui toujours, et ses confrères ne se souviennent pas de lui avoir jamais vu refuser un service. Quand un membre de sa petite communauté tombait malade, le bon frère devenait un père pour le soigner, et ne quittait son chevet que pour des raisons urgentes. Les deux témoignages qui suivent prouvent combien ses frères en religion parlent du frère Jérôme avec affection et reconnaissance.

« Je déclare volontiers et je suis heureux de le
« faire, écrit le frère Raymond, que notre défunt
« frère Jérôme, né Dunoyer, fut toujours un reli-

« gieux selon le cœur de Dieu. Je crois, sans rien
« exagérer, qu'on peut dire de lui ce que les Juifs
« disaient du divin Sauveur : *Il a passé en fai-*
« *sant le bien.* Il aimait Dieu de tout son cœur, et
« il l'a servi avec fidélité, zèle et constance. Sa
« grande joie et son grand bonheur étaient de
« rendre service à ses semblables, de les consoler
« dans leurs peines et de les porter au bien plus
« encore par ses exemples que par ses paroles.
« Selon la recommandation de saint Paul il se
« faisait tout à tous pour les gagner tous à Jésus-
« Christ. La pratique de ses règles et des vertus
« de son saint état, était pour lui l'objet de tous
« ses vœux. Il trouvait tout aisé, tout facile. Il
« puisait dans sa grande foi et dans son grand
« amour pour la prière, ce courage, cette énergie,
« ce zèle pour la gloire de Dieu qui ne se démentit
« jamais en lui.

   « Ars, 18 juin 1878.

« FRÈRE RAYMOND,
« vice-supérieur. »

   « Les frères soussignés, ayant eu l'avantage de
« passer plusieurs années en la compagnie du bon
« et regretté frère Jérôme dans l'établissement

« d'Ars, attestent avec un vrai bonheur que ce
« frère a été un vrai modèle de régularité, de
« charité et de zèle. Sa complaisance et sa bonté
« étaient, on peut le dire, excessives : s'oubliant
« complétement lui-même, il était à tous, surtout
« aux plus souffrants et aux plus petits. Le surnom
« de *mère Jérôme*, que lui avaient donné les
« élèves de l'établissement, était justifié en tous
« points, et celui de *bon*, que tous ses confrères lui
« appliquaient, était vrai dans toute l'acception
« du mot.

« Nous ne sommes que l'écho de la voix publi-
« que, en disant que sa complaisance pour les
« nombreux pèlerins d'Ars était inépuisable.
« Quant à sa vénération pour tout ce qui se rap-
« portait au vénérable M. Vianney, elle était sans
« bornes. MM. les missionnaires, M. le comte des
« Garets et sa famille, son frère Directeur le lui
« rappelaient trop immédiatement pour qu'il ne
« fût pas plein de prévenances et de respect pour
« eux.

« C'est, nous le répétons, avec une bien vive
« satisfaction que nous lui donnons ce témoignage
« de notre estime et de notre vénération.

« Ars, 18 octobre 1878.

« Frère Cléonice, frère Pothin, frère Xavier,
« frère Arsène, frère Théophane, frère Médard. »

Ces deux attestations résument suffisamment toutes celles que nous avons sous les yeux, et qui sont unanimes à proclamer le frère Jérôme comme le type du bon religieux pendant toute son humble vie. Les frères de la Sainte-Famille qui ont eu le bonheur de le connaitre, parlent de ses vertus avec une conviction qui est le plus touchant éloge que l'on puisse rendre à sa mémoire, et dans les nombreuses pages qu'ils ont consacrées au souvenir de tant de piété, on sent que, pénétrés de leur sujet, ils écrivaient de l'abondance de leurs cœurs.

Du reste, sa famille religieuse tout entière n'a qu'une voix pour répéter que frère Jérôme a été constamment un modèle et un exemple, et elle garde son souvenir avec amour et respect, comme l'on conserve celui d'un fils et d'un frère dévoué.

CHAPITRE XII

Mort de Monsieur Vianney.

REGRETS DU FRÈRE JÉROME. — COMMENT IL NE POUVAIT SE FAIRE A CETTE MORT.

Où allez-vous, mon père, sans la
compagnie de votre enfant?. .
OFFICE DE SAINT LAURENT.

Il y avait dix années que le frère Jérôme jouissait de l'ineffable bonheur de vivre près d'un saint, d'écouter ses conseils, de recueillir ses enseignements et de suivre ses leçons. Et comme on s'habitue vite à être heureux, ce disciple fidèle s'était tellement identifié à l'âme et à la vie de son maître vénéré que l'idée d'une séparation ne pouvait entrer dans son esprit. Et puis, serait-elle venue que son cœur l'aurait repoussée avec effroi. La mort du Curé d'Ars était un de ces malheurs que tous redoutaient, mais auquel personne ne pouvait croire. L'Eglise avait besoin de ses thaumaturges ; pourquoi Dieu lui en enlèverait-il un des plus glorieux ? Des foules de pécheurs demandaient le pardon, des malades et des affligés réclamaient la puissance de l'homme de Dieu pour obtenir consolation et guérison ; si le ciel avait hâte de s'enrichir d'un nouvel élu, ne consentirait-il pas cependant à retarder l'heure du triomphe, en faveur de tous ces déshérités de la terre ? Ars voulait conserver son pasteur, et la pensée de perdre ce guide si aimé était-elle admissible ? Dieu pouvait-il désoler le troupeau et rendre orphelins des enfants ? Notre bon frère Jérôme lui-même n'avait-il pas quelque droit de dire à Notre-Seigneur que la vie du Curé d'Ars était la sienne, et que la mort de l'un serait celle de l'autre ?

Tous, en un mot, conjuraient le Seigneur de laisser vivre encore ce saint prêtre si utile à sa gloire, si nécessaire au salut des âmes. Mais en même temps que la terre réclamait la prolongation d'une vie qui était son honneur et son soutien, le juste, de son côté, succombant sous le poids du travail, demandait la récompense. Dieu exauça la prière aux accents les plus purs, et il accorda la

couronne au martyr et le repos de la patrie à l'ouvrier exilé!...

Le ciel poussa un long cri de triomphe; les
anges et les saints entonnèrent un chant de victoire! ils avaient conquis le Curé d'Ars!

La terre laissa échapper un profond gémisse-
ment; les hommes versèrent des larmes bien
amères! ils avaient perdu le Curé d'Ars!

C'était un soir, le 29 juillet 1859, la chaleur
était accablante et la foule des pèlerins plus nombreuse que jamais. Le serviteur de Dieu venait de
passer, comme à son ordinaire, seize ou dix-sept
heures au confessionnal, et, après la prière, il re-
gagnait sa petite cure, ainsi qu'il le faisait à la fin
de chaque journée. Cependant, à sa vue, un fris-
son d'inquiétude parcourut la foule, et nous, qui
nous y trouvions mêlés, nous ne pouvons oublier
les regards pleins d'angoisses, les exclamations
douloureuses qui suivirent ce passage du saint
prêtre. Pourquoi ces craintes? et qu'est-ce qui
avait pu jeter ainsi une telle consternation dans
ces rangs pressés? Oh! c'est que le Curé d'Ars
avait paru à tous plus exténué, plus épuisé encore
que de coutume. Il s'était traîné plutôt qu'il
n'avait marché, pour franchir la faible distance

qui sépare l'église de son presbytère; sa toux avait l'accent déchirant de la vie qui s'en va, et ses mains, tout en se levant pour bénir, semblaient chercher un appui. Son aspect avait fait comprendre que *le bon serviteur était près d'entrer dans la joie de son Maître* (1), et de là, ce trouble qui agitait toutes les âmes, cette désolation qui serrait tous les cœurs.

Pendant qu'en bas la foule échangeait ses tristes appréhensions, en haut le vénérable Curé révélait à son entourage ses pressentiments : « Je n'en puis plus! » dit-il, en arrivant dans sa chambre; et cette plainte d'une nature toujours si forte prouvait qu'elle était à bout d'elle-même, et fit naître de sérieuses inquiétudes. Les Missionnaires, des amis dévoués l'entourèrent et ne le quittèrent que pour lui laisser plus de repos. Mais frère Jérôme resta, comme à l'ordinaire, pour lui donner ses soins, et ne sortit à son tour de cette chambre vénérée que pour respecter le sommeil de son saint malade. Jusqu'à une heure du matin on n'entendit rien dans la pauvre cure, et le silence et le mys-

(1) Saint Math., 25, 23.

tère planèrent sur ces dernières heures de solitude. Frère Jérôme avait regagné son couvent.

Au milieu de la nuit, M. Vianney voulut essayer de descendre à l'église; mais une si grande
faiblesse s'empara de lui qu'il fut obligé d'appeler
Catherine Lassagne. Sa servante dévouée accourut
et, voyant son air souffrant: « Vous êtes fatigué,
Monsieur le Curé, lui dit-elle. — Oui, répondit-il,
je crois que c'est ma pauvre fin. »

Catherine voulut aller chercher du secours,
mais il s'y opposa : « Ne dérangez personne, ce
n'est pas la peine ! » Malgré cette défense, à peine
le jour paraissait-il, que le lit de cet héroïque
malade était entouré par l'amour et la vénération.
Comme il ne parla pas de célébrer la messe, on
comprit à quel point le mal était grave, et ce qui
le prouva encore, ce fut la condescendance qu'il
montra pour accepter quelques petits soulage-
ments. Le frère Jérôme, après l'avoir bien supplié,
obtint d'ajouter un matelas au misérable grabat
sur lequel les membres endoloris du saint homme
ne pouvaient pas trouver de repos, et à peine
l'eut-il posé sur la paillasse que M. Vianney s'y
laissa tomber exténué : il n'avait pas eu la force
de le refuser.

Nous ne redirons pas les douloureuses phases de ces quatre jours de maladie pour le Curé d'Ars et d'agonie pour ses paroissiens et les pèlerins ; on les a lues dans la *Vie de M. Vianney*, et on les a entendu raconter par ceux qui y ont assisté et qui se souviendront éternellement de ce qu'ils ont vu.

Pendant ces quatre jours, Ars avait une physionomie que l'on ne voit qu'une fois dans une vie : le flot des pèlerins grossissait toujours, et comme il ne se portait plus du côté du confessionnal de l'homme de Dieu, il s'arrêtait aux abords de la cure, dans l'attente des nouvelles que d'heure en heure on apportait. Plusieurs fois dans la journée on annonçait à la foule que, de son lit de douleur, le saint prêtre allait la bénir. On ouvrait la petite fenêtre qui est au midi de sa chambre, et lorsqu'un coup de cloche retentissait, toute la multitude se prosternait et ne se relevait qu'après avoir reçu cette précieuse bénédiction.

Ces spectacles si touchants se renouvelaient fréquemment. On faisait aussi bénir des objets de piété, et en si grand nombre, que les mains ne suffisaient plus pour les porter au vénéré malade. On en remplissait de grandes corbeilles et on les déposait à sa porte; il leur envoyait une dernière bénédiction et retombait sur son pauvre lit.

Et dans l'intérieur de la cure, que de dévouements affectueux veillaient sur le malade! Au premier rang était M. Toccanier, continuant près du mourant ce rôle de soutien qu'il avait rempli pendant les dernières années de sa vie; le comte des Garets, les Missionnaires, les frères, tous étaient là, émus, consternés, attentifs néanmoins à lui donner les soins que réclamait son état. Au milieu d'eux, nous retrouvons le frère Jérôme, toujours gardien fidèle aux heures de la souffrance comme à celles du travail. Il soignait son père avec un amour filial, et quittait le moins possible sa chambre. Si un devoir l'appelait ailleurs, bien vite il revenait près de celui dont rien ne pouvait le détacher. Et malgré le chagrin, les angoisses qu'il ressentait, les occupations qui l'accablaient, frère Jérôme restait un modèle de complaisance et de charité. Si on le voyait passer, on l'appelait, on le conjurait de faire bénir plus particulièrement un objet, on lui demandait des services, et tout ce qu'il pouvait accorder, il le faisait, non plus avec son sourire habituel, mais avec bien des larmes dans les yeux et de l'émotion dans le cœur.

Pauvre et bon frère Jérôme, que de souvenirs ineffaçables a laissés sa complaisance ! Nous n'oublierons jamais que c'est à elle que nous avons dû le bonheur de recevoir une suprême faveur du serviteur de Dieu, le dernier jour de sa vie. C'est grâce à lui, en effet, que nous avons pu pénétrer jusqu'au seuil de la porte du vénérable malade, nous y agenouiller et nous incliner sous la double bénédiction du saint et du mourant. On comprend les sentiments de reconnaissance que nous avons voués à sa mémoire pour un tel bienfait !

Non, il est impossible de retracer les scènes touchantes de ces journées. Des prières s'élevaient ferventes pour demander à Dieu ce qu'il ne voulait plus accorder, la guérison du bon Curé. Des larmes coulaient de tous les yeux lorsqu'on lui administra l'Extrême-Onction. L'arrivée si touchante de Mgr de Langalerie mit le comble à l'émotion générale.

Le moment approchait, et rien ne pouvait le conjurer, où Dieu jaloux d'appeler à lui son serviteur allait l'enlever à la terre. Cette heure de triomphe pour le pasteur et de désolation pour le troupeau, sonna dans la nuit du 4 août. Sans secousse, sans angoisse, l'âme du Curé d'Ars sortit de son enveloppe mortelle et s'envola au ciel, portée sur l'aile des saints désirs. Et comme le saint prêtre avait toujours montré son affection pour son cher frère Jérôme, il voulut la confirmer en expirant dans ses bras. Il rendit le dernier soupir pendant que ce fidèle disciple le soutenait sur son lit de douleur, et on peut bien dire que c'était la vertu qui envoyait la sainteté au ciel.

Que d'adieux déchirants ceux qui restaient ici-bas adressèrent à ce père qui les quittait! Que de larmes coulèrent en voyant inanimée cette figure dont un seul regard était un bienfait? Mais ces enfants étaient des chrétiens; et la certitude du repos où venait d'entrer leur saint pasteur ne laissait pas leur douleur sans consolation. Le comte des Garets, prenant ces mains qui tant de fois s'étaient levées sur lui et sur sa famille pour appeler les consolations célestes, les baisa respectueusement en disant à son saint ami : « Vous avez été notre père sur la terre, soyez notre protecteur dans le ciel ! »

La nouvelle de cette mort fut un coup de foudre et jeta partout la consternation... On accourut pour vénérer les restes du thaumaturge, et il fallut presque employer la force pour le protéger contre un pieux enthousiasme. Pendant les deux journées où son corps fut exposé dans une chambre basse de la cure, les frères ne suffisaient pas à lui faire toucher tous les objets de piété que les fidèles apportaient; et une foule nombreuse ne cessa de prier près de ce corps, qui, un jour, par la décision de l'Eglise, sera, nous l'espérons, sur les autels.

Il appartenait encore au frère Jérôme de rendre un dernier devoir à son maître. Ce fut lui qui le déposa dans son cercueil. Il fut profondément ému en voyant la souplesse, la flexibilité prodigieuse de ses membres; il y vit un signe de prédestination, et il comprit que pour les saints la mort n'est qu'un paisible sommeil.

Dans ce cercueil, oh! nous pouvons bien dire aussi que le pauvre frère ensevelit son bonheur, sa vie tout entière. Avec son père et son maître, partaient tout le charme de son existence et toutes les joies de son cœur, et le titre d'orphelin que lui donnait la mort du Curé d'Ars brisait sa vie et broyait ses affections les plus saintes.

Pendant les jours qui suivirent les funérailles, véritable triomphe, le cercueil du serviteur de

Dieu resta exposé derrière la grille de la chapelle de saint Jean-Baptiste, et fut l'objet d'une vénération incessante, le jour et la nuit. Le pauvre frère Jérôme, gardien obligé de ce dépôt précieux, se faisait encore la douce illusion de posséder son père ; mais lorsqu'un marbre vint lui ravir la vue de son trésor, il tomba dans un abattement douloureux et n'en sortit plus que pour raconter aux pèlerins les prodiges qu'il avait vus pendant dix ans.

Si, pendant sa vie, il avait protégé le Curé d'Ars contre le flot envahissant des multitudes, on peut dire qu'après sa mort il voua à sa mémoire le même culte qu'il avait voué à sa personne, et qu'il fut l'écho fidèle de tous ces souvenirs bénis.

Les premiers temps après la mort de M. Vianney, la vue du frère Jérôme impressionnait vivement ; il semblait toujours que cette humble figure précédait celle du vénérable Curé d'Ars, et on ne pouvait s'habituer à les voir séparés. Sans son maître, le disciple avait l'air d'une âme en peine, d'un exilé ; toujours il paraissait le chercher, et son absence lui causait un vide que rien ne pouvait combler. Le frère Athanase nous disait que, pendant deux ou trois mois, le pauvre frère

Jérôme n'avait pas pu croire à la réalité douloureuse, et que, suivant son habitude, tous les soirs
après la prière, il allait attendre le Curé d'Ars
vers la chaire; mais un brisement de cœur le
réveillait de son illusion, et il rentrait à la sacristie
en fondant en larmes et en s'écriant : « Il n'y est
plus ! Il n'y est plus ! »

Son âme si aimante s'attacha doublement aux
missionnaires, ces amis, ces soutiens de son bon
Curé; il se dévoua pour eux, pour leurs intérêts,
et leur présence était pour lui une consolation. Il
aimait, comme nous l'avons vu déjà, ses confrères,
les élèves, ses fonctions, sa chère maison d'Ars,
et, partout, se réveillait en lui le dévouement qui
se met au service des autres et l'énergie qui fait
travailler. Mais sa vie était privée de son principal
intérêt; il n'avait plus à protéger et à soigner le
Curé d'Ars !

Alors il rejeta son ardeur filiale sur les soins à
donner aux pèlerins; et, pendant les années qui
s'écoulèrent entre la mort de M. Vianney et la
sienne, il ne passa pas une journée sans redire ce
qu'il savait mieux que tout autre : la sainteté du
vénérable prêtre. Jamais il ne se lassait de parler
sur ce sujet, et ses auditeurs l'écoutaient ravis et

émus. Tous les jours et plusieurs fois il montrait aux pèlerins la chambre, la statue ; il leur expliquait tous les souvenirs de l'église et du pèlerinage avec l'amour d'un enfant qui parle de son père, et avec l'admiration d'un disciple heureux d'avoir eu un tel maître.

Souvent la pieuse curiosité des pèlerins lui faisait subir l'épreuve de questions plusieurs fois répétées ; et toujours il répondait avec patience et même avec bonheur, car il parlait de son saint Curé. Et c'était une chose admirable de le voir entouré par ces étrangers, heureux d'entendre les détails de la vie admirable du serviteur de Dieu et retirant de ces entretiens un bien sérieux pour leurs âmes.

Il y avait dans les récits du frère Jérôme une autorité qui faisait croire et une simplicité qui charmait : quand il avait dit quelques paroles, on se sentait captivé et on écoutait avec une attention qui ne se démentait pas. Parler de son maître, c'était d'ailleurs le plus grand bonheur qu'il pût goûter ; et il le faisait avec un zèle qui le rendait cher et précieux à la paroisse et aux pèlerins. Et puis, la pensée de faire du bien et de propager la mémoire de M. Vianney le transformait en apôtre.

Le frère Jérôme trouvait la résignation sur le tombeau de son père, et il le priait avec une ferveur admirable. Peu de temps après la mort de ce saint prêtre, il écrivait à sa sœur Claudine : « (30 décem-
« bre 1859) Je viens de prier sur la tombe de notre
« saint pour vous tous : là, la prière paraît être
« meilleure qu'ailleurs ; on sent quelque chose de
« tout particulier en pensant à tout ce qu'il a fait.
« On est vraiment édifié en voyant tant de pèlerins
« prier sur cette tombe. Pauvres, riches, savants,
« ignorants, prêtres et évêques, tous veulent ren-
« dre hommage à ses vertus. » Il donne des détails sur le pèlerinage, puis il termine ainsi sa lettre :

« On voit que notre bon saint travaille toujours à
« Ars. Enfin, plus on réfléchit sur cette vie, plus
« on sent de l'attrait et du bonheur à suivre, mais
« de loin, ses vertus si éminentes. Tout en lui était
« animé et semblait prêcher ; ses yeux étincelants
« faisaient baisser la tête aux pauvres pécheurs
« sans les décourager. Sa parole, si douce et en
« même temps si ferme pour réprimer le vice, les
« ramenait à Dieu. Je ne finirais pas si je voulais
« tout dire ; tes souvenirs suppléeront à ce que je
« ne dis pas. »

Toutes ses lettres, à cette époque, sont empreintes de ce qui était devenu le but de sa vie, publier les vertus du Curé d'Ars, et son bonheur était de faire connaître à sa sœur les faveurs obtenues sur son tombeau. « Nous appre« nons à tout moment de nouvelles guérisons, « lui écrivait-il le 29 décembre 1860, je ne dis pas « miracles, parce que c'est à l'Eglise à prononcer « sur ces faits. Il y a des conversions aussi grandes « que du vivant de notre bon saint. »

Ces faveurs, accordées par l'intercession du saint Curé, pouvaient seules apporter quelque adoucissement à la douleur du bon frère. Il pleurait toujours son maître, il regrettait toujours cet ami si aimé et si vénéré, et sa vie s'écoulait dans l'accomplissement de ses devoirs et dans un deuil profond.

Comment, en effet, aurait-il pu en être autrement? Dieu avait uni ces deux âmes par des liens que la mort même ne pouvait briser. Du ciel, le Curé d'Ars suivait son bon frère Jérôme, qui, devenu orphelin, ne pensait et ne désirait qu'une consolation, aller retrouver son père dans l'éternel repos.

Dieu allait bientôt exaucer ses prières et le rendre à celui qu'il avait tant aimé ici-bas, après lui avoir laissé toutefois plusieurs années de tristesse, parce que les larmes purifient. Et puis, Ars et les pèlerins avaient encore besoin de ses exemples, de ses récits et de ses prières. Dieu le prêtait à la terre, sachant bien que sa belle âme ne s'y attacherait pas, car elle vivait au ciel avec son modèle et son maître.

CHAPITRE XIII

Principales fêtes d'Ars.

POSE DE LA PREMIÈRE PIERRE DE LA NOUVELLE ÉGLISE. — RÉCEPTION DES RÉVÉRENDS PÈRES TRAPPISTES DE NOTRE-DAME DES DOMBES. — CONSÉCRATION DE L'ÉGLISE. — ARRIVÉE DE LA STATUE DU CURÉ D'ARS. — 4 AOUT 1874.

> Seigneur, j'ai aimé la beauté de votre maison et le lieu où habite votre gloire. **Ps. xxv. V. viii.**

Avant de parler des dernières années du frère Jérôme, et de voir sa douce figure disparaître aussi dans la tombe, nous voulons la contempler encore dans les grandes solennités qui furent célébrées à Ars, de 1859 à 1874. Ces fêtes étant des jours de triomphe pour la mémoire du vénérable Curé et de gloire pour le pèlerinage, nous aimons à en rappeler le souvenir, comme le voyageur aime à retrouver dans sa mémoire les beautés qui l'ont frappé pendant sa course. Et puis, lorsqu'on écrit les saintes joies du passé, on amasse, pour ainsi dire, au profit d'une paroisse, un trésor de traditions, qui se conserve religieusement et édifie les générations futures.

Le frère Jérôme aimait ces journées solennelles pendant lesquelles il se sentait moins orphelin ; il les passait tout entières à l'église, à la sacristie, avec les pèlerins. C'était alors que sa complaisance était infatigable : partout on le réclamait, et le pauvre sacristain était du matin au soir occupé à rendre service. On le retrouvait toujours avec le sourire sur les lèvres; mais, depuis la mort du Curé d'Ars, ce sourire cachait bien des larmes et ne voilait pas complétement sa douleur filiale. S'il redevenait radieux et serein, c'était lorsqu'il contemplait le beau sanctuaire dont nous allons en quelques mots redire l'histoire.

Cette belle coupole, que le pèlerin admire aujourd'hui au chevet de notre ancienne et précieuse église, est la réalisation d'un vœu bien ardent de M. Vianney. Depuis longtemps il désirait témoigner sa reconnaissance à sa chère sainte Philomène pour les nombreuses grâces dont elle le favorisait; il avait donc manifesté à son vicaire l'intention d'élever un monument en l'honneur de sa céleste protectrice.

M. Toccanier accueillit cette idée avec le zèle que lui inspirait son amour pour le saint Curé. Il la développa et parvint à lui donner un succès complet. Mais que de difficultés il eut à vaincre pour arriver à son but ! Que d'obstacles se dressaient entre le projet et sa réalisation ?

L'ancienne église était là comme un reliquaire incomparable dont chaque dalle redisait un souvenir, un miracle. On croyait lire, sur ces murs précieux, la devise que le savant auteur des annales de l'église, le cardinal Baronius, avait écrite sur le fronton de la basilique romaine de la voie Appienne : « N'en rien retrancher, n'y rien ajouter, n'y rien changer, respecter le passé (1). »

Il fallait donc résoudre le problème de construire une église neuve, en respectant, jusque dans ses plus petits détails, celle où avait vécu un saint. Il fallait satisfaire bien des goûts différents, écou-

____

(1) « *Nil minuito, nil adimito, nil mutato, antiquitatem servato.* »

ter bien des avis opposés : la tâche de M. Toccanier n'était pas facile.

Nous qui l'avons vu à l'œuvre, nous pouvons affirmer que chacune des pierres qui composent l'édifice lui a coûté des fatigues et des peines inouïes, et que beaucoup se seraient découragés devant les travaux incessants que demandait cette entreprise. Mais ce n'était pas en vain que M. Toccanier avait été le vicaire d'un saint ; de plus, il gardait dans sa mémoire une parole encourageante et bénie, recueillie sur les lèvres mourantes de M. Vianney et que nous devons rapporter.

Nous avons vu comment autrefois le vénérable Curé avait prédit au frère Athanase le succès de son établissement, et comment aussi cette parole prophétique avait été réalisée. La veille de la mort du saint, M. Toccanier, étant seul avec lui, confiait pour la dernière fois les pensées les plus intimes de son âme à ce père que Dieu allait lui enlever ; comme il lui exprimait ses craintes et ses angoisses pour l'œuvre commencée : « Mon père, ajoutait-il, sans vous je ne pourrai jamais bâtir votre église. » Mais le saint, saisissant la main de ce fils dévoué, et fixant sur lui un de ces regards qui éclairent toute une vie : « Courage, mon bon ami, lui dit-il, vous réussirez. » Cette prédiction s'échappait de sa bouche pendant que de son cœur sortait une bénédiction suprême. M. Toccanier reçut l'une et l'autre avec foi et confiance, et aujourd'hui, ce sanctuaire que nous admirons et sous les voûtes duquel nous aimons à prier, ne nous apparaît-il pas comme un souvenir immortel de cette scène touchante, et comme une preuve irrécusable de la protection du père et du zèle du fils?

Oh ! si les anges qui sont placés sur le dôme comme les célestes gardiens de la paroisse et de l'église, voulaient nous révéler les secrets de dévouement cachés dans la construction de cet édifice qu'ils abritent de leurs ailes, on verrait que la reconnaissance doit égaler l'admiration. Et si ces anges, dont nous invoquons le témoignage, nous répondaient, il est un nom qu'ils prononceraient aussi avec une harmonie fraternelle, celui du bon frère Jérôme ; car ce modeste religieux, embrassant cette œuvre avec ardeur, sut opérer des prodiges pour contribuer à son succès. Une loterie de 240 mille billets, autorisée après la mort de M. Vianney, offrit un vaste champ à sa bonne volonté. Tout le monde se souvient encore du zèle qu'il déploya pour les placer, pour recueillir des lots, ainsi que de la manière aimable et habile avec laquelle il disposait les cœurs à la charité.

Enfin, le 1ᵉʳ mai 1862 se leva comme un jour de consolation et de triomphe. La pose de la première pierre de l'église récompensa les ouvriers de leurs fatigues, et M. Toccanier, en particulier, put goûter alors dans son cœur la joie du devoir accompli.

Cette fête fut saluée par une allégresse générale. Mˢʳ de Langalerie était venu apporter par sa présence le charme qu'il sait attacher à toutes les solennités qu'il préside. Il était entouré d'un grand nombre de prêtres et d'une foule compacte accourue de tous les pays.

Après une messe solennelle, Monseigneur, suivi du clergé, se rendit sur la petite place du village, à l'endroit où quatre ans auparavant passait pour la dernière fois le corps du thaumaturge. Il répondit par une touchante allocution aux remarquables discours de M. Camelet et du comte des Garets; puis, Sa Grandeur bénit les fondations du nouveau sanctuaire, et, au milieu d'une nombreuse assistance, elle posa la première pierre de cette église tant désirée par le vénérable Curé.

Toutefois cette cérémonie ne devait être que

l'aurore d'une plus belle ; et comme l'aube annonce le jour, de même le 1er mai 1862 faisait entrevoir le 4 août 1865.

Pour ne pas intervertir les dates des fêtes que nous essayons de décrire, et pendant que la coupole s'élève pour recevoir la suprême consécration, nous rappellerons le passage, à Ars, des religieux Trappistes qui allaient fonder le monastère de Notre-Dame des Dombes au Plantay. Les heureux témoins de cette scène d'un autre âge comprendront qu'elle ne se soit jamais effacée de notre mémoire, et ceux qui n'y ont pas assisté nous sauront gré d'en avoir enchâssé le souvenir dans notre récit.

Cette fondation, qui allait devenir un si grand bienfait pour les Dombes, était due en partie à la générosité d'un chrétien admirable, le comte Charles de Montbriant ; elle fera toujours bénir le nom de cet homme charitable qui a passé en faisant le bien, et qui a employé sa trop courte carrière à secourir les pauvres et à soulager les malheureux.

Avant d'aller affronter les labeurs et la maladie, les Trappistes avaient désiré mettre leur fondation sous la protection de celui qui, autrefois, avait fait à Ars l'œuvre qu'ils allaient accomplir au cœur de la Dombes, et le R. P. abbé d'Aiguebelle avait accédé à ce pieux désir.

C'était le 1ᵉʳ octobre 1863 ; les ombres de la nuit, si vite descendues en automne, enveloppaient notre petit village, qui essayait cependant de les défier par une illumination modeste mais spontanée. Une foule émue et considérable s'était réunie aux abords de l'église ; le clergé attendait au seuil du lieu saint, et partout le silence régnait profond et solennel. Tout contribuait à donner à ce moment un cachet particulier de gravité, tout, même les pensées qui remplissaient le cœur et l'esprit. Ces hommes courageux n'avaient-ils pas une première fois quitté et famille et patrie ? Et les voilà, s'exilant encore du couvent qui leur avait donné ce *centuple* promis au détachement : ils brisaient de nouveaux liens pour obéir à un ordre de Dieu, et cet ordre les envoyait dans un pays humide et fiévreux, dans une maison nue et vide. Mais ils apportaient la croix et ceux que nous étions tentés de plaindre, allaient nous apparaître heureux à la suite de leur austère drapeau.

A huit heures, le bruit des voitures se fit entendre ; elles s'arrêtèrent à l'entrée du village pour laisser descendre la sainte colonie. Le R. P. Dom Augustin, prieur du nouveau monastère, prit entre ses mains le seul trésor, la seule richesse que cet essaim d'Aiguebelle apportait avec lui, une grande et sévère croix de bois, et la portant avec la fierté d'un conquérant et la force d'un martyr, il se plaça à la tête de ses compagnons qui le suivirent sur deux rangs, le chapelet à la main.

Il nous serait difficile de peindre l'émotion générale à la vue de cette admirable procession. Les larmes jaillirent de tous les yeux lorsqu'on vit apparaître ces quarante moines recouverts des livrées de la pauvreté et précédés de la croix de Jésus-Christ. Ils marchaient en silence ; on sentait qu'ils priaient, et qu'eux aussi étaient émus en foulant un sol sanctifié par un saint.

Aussi, écoutèrent-ils avec attendrissement la chaleureuse bienvenue que leur souhaita M. Camelet à la porte de l'église : « Oh ! si M. Vianney « vivait encore, s'écria-t-il au milieu de son dis-« cours, quelle joie pour lui, quels encourage-« ments, quelles bénédictions pour vous débor-« deraient de son cœur attendri ! Mais que dis-je ? « M. Vianney vit encore ; oui, il vit plus que ja-

« mais. Il est là parmi nous; il vous accueille de
« son meilleur sourire, il vous bénit avec toutes
« les effusions de son amour. »

Ces paroles pleines de cœur, et celles qui suivirent, augmentèrent le désir des religieux de
prier sur le tombeau du saint prêtre qu'ils venaient invoquer. Lorsqu'ils furent entrés dans
l'église, on les vit se prosterner deux à deux sur
la dalle qui recouvre ses restes vénérés. Dans cette
profonde et muette salutation, que de saints tres-
saillements durent remuer les âmes des héroïques
ouvriers qui devinaient sous cette pierre le repos
et la récompense accordés au travail !

Le chant de l'office précéda la bénédiction du
Saint-Sacrement. Celui du *Salve Regina* impres-
sionna vivement l'assistance; ce cri de l'exilé de
la terre à la Reine du ciel est plus beau encore
sur les lèvres qui ne parlent qu'à Dieu, et qui,
fermées au langage du monde, ne s'ouvrent que
pour celui du ciel.

Il était tard. L'heure du repos fit sortir de
l'église les fervents pèlerins. Les missionnaires et
les frères s'étant disputé l'honneur de les recevoir
dans leurs maisons hospitalières, tous les reli-

gieux trouvèrent une réception empressée chez ces amis du Curé d'Ars.

Le frère Jérôme prodigua à ces hôtes vénérables les soins les plus attentifs. Il voulait que le pèlerinage d'Ars fût réellement une halte pour la caravane religieuse et que le souvenir qu'elle en garderait fût un encouragement dans les aridités de la plaine où elle allait fixer sa tente. Il racontait la vie de son maître, les merveilles opérées par lui : en un mot, dans cette occasion, comme à son ordinaire, le disciple de M. Vianney se multiplia pour édifier par ses récits et faire plaisir par sa complaisance.

Le lendemain, de bonne heure, les voûtes du petit sanctuaire retentissaient du chant divin et les Trappistes, après l'office, célébrèrent la sainte Messe.

Ce ne fut pas sans de vifs regrets, qu'ils dirent adieu à Ars; les nôtres les suivirent lorsque nous les vîmes s'éloigner. Leur voyage et leur installation au Plantay furent un triomphe. On accourait sur les routes où ils devaient passer; on les accompagnait, on leur faisait fête. Mais ces *hosannas* ne purent conjurer les épreuves : la fièvre décima leurs rangs, et la misère, compagne ordinaire de la maladie, vint s'asseoir à leur foyer. Ces pauvres frères pensèrent que, pour eux comme pour leur divin Maître, c'était passer bien vite de la voie triomphale de Jérusalem dans le rude chemin du Calvaire.

Lorsque le frère Jérôme parlait de la construction de l'église, du talent des artistes, de la bonne volonté des ouvriers et de la protection divine qui avait écarté tout accident, il ajoutait toujours : « Le Curé d'Ars est là, » et il avait raison : on comprenait que du ciel il bénissait et encourageait son œuvre, et cette assurance la rendait chère à tous.

Le nouveau sanctuaire paraissait au bon frère digne du trésor qu'il devait renfermer et il ne trouvait rien de plus admirable que ce monument. Le frère Athanase nous dit « qu'étant un « jour à la Louvesc, le frère sacristain lui faisait « visiter la nouvelle église bâtie sur le tombeau « de saint François Régis et, lui en faisant remar- « quer la beauté, il ajouta : Il faut aller bien loin « pour en voir une pareille ! — Pas si loin que « vous pensez, repartit le frère Jérôme, venez à « Ars et vous verrez bien plus beau. »

Ce fut le vendredi 4 août, sixième anniversaire

de la mort de M. Vianney, qu'eut lieu la consécration solennelle de ce sanctuaire, véritable *ex-voto* de la piété des fidèles.

Dès la veille, Ars était en fête et ses habitants secondaient avec entrain, dans les préparatifs, le zèle des missionnaires et des frères. Aussi, le soleil matinal du lendemain éclaira-t-il le gracieux spectacle d'une paroisse décorée avec goût et richesse, et envahie par une foule de pèlerins.

La place, les chemins présentaient un aspect animé; le tombeau du serviteur de Dieu était le centre de ce mouvement de foi admirable et la petite église était, pour ainsi dire, prise d'assaut par la ferveur de tant de chrétiens.

A sept heures, Mgr de Langalerie sortait du château d'Ars, où on était si heureux de lui offrir l'hospitalité, et s'arrêtait, à l'entrée du village, sous un bel arc de triomphe élevé par les frères de la Sainte-Famille. Là, plus de cent prêtres l'attendaient, accourus de tous les points du diocèse et des diocèses voisins. Le comte des Garets et M. Camelet, s'approchant l'un après l'autre de Sa Grandeur, la saluèrent en termes émus et touchants. Monseigneur répondit par quelques-unes de ces paroles qui, dans sa bouche, valent des discours; puis, au son des cloches et aux détonations des boîtes, la procession se mit en marche, faisant flotter au vent les riches bannières d'Ars.

Nous ne suivrons pas cette cérémonie imposante dans tous ses détails; mais nous n'en terminerons pas le récit sans admirer le coup d'œil que présentait la foule recueillie, au moment où Monseigneur monta les degrés de la croix, élevée au milieu de la place, pour adresser la parole à ses nombreux auditeurs. Le silence était si grand, l'attention si vive que le prélat put faire entendre à toute l'assistance sa voix si sympathique. Il fit l'historique du nouveau sanctuaire et eut un mot d'éloge pour tous ceux qui avaient travaillé à son érection. Comme toujours, il sut édifier et dépasser l'attente de chacun. La journée eut ses joies pieuses comme la matinée; un salut solennel la sanctifia et le soir une gracieuse illumination la couronnait pendant que des chœurs de chant envoyaient au ciel l'hymne de l'action de grâces.

Le souvenir du frère sacristain se trouve lié à chacun des instants de ces belles, mais laborieuses journées. Il remplissait de si multiples fonctions que, le soir, son pauvre corps tombait de fatigue.

On voyait que, seule, l'ardeur de son âme le soutenait. Il avait pensé à tout et à tous, excepté à lui-même, et lorsqu'on lui disait : « Frère Jérôme, à quelle heure vous êtes-vous levé, et quand avez-vous pris vos repas? » l'expression de sa figure trahissait la lutte de la franchise qui ne voulait pas mentir et de l'humilité qui voulait se cacher, et avec un certain embarras il répondait simplement : « Oh! du temps du saint Curé, j'avais encore plus à faire; maintenant ce n'est plus tous les jours fête! » et il retombait dans sa tristesse habituelle.

Puisque nous parlons des derniers jours heureux du bon frère Jérôme, nous devons nommer celui où arriva à Ars la statue de son père et maître. Cette radieuse apparition souleva encore un instant le voile de douleur qui enveloppait son existence depuis le 4 août 1859, et ses yeux, qui avaient tant pleuré, contemplèrent cette image comme une vision consolante.

Le 6 août 1867, on annonça à la paroisse que ce chef-d'œuvre, dû à l'habile ciseau de M. Cabuchet, allait arriver, et une touchante émotion se répandit en même temps que l'heureuse nouvelle. N'était-ce pas, en effet, une grande joie pour tous ceux qui avaient connu et aimé le Curé d'Ars que de penser qu'on allait posséder ses traits, représentés avec talent et avec la fidélité du souvenir? C'est pourquoi cette espérance fit tressaillir Ars d'orgueil et de bonheur, et des jeunes gens allèrent en cavalcade chercher le trésor promis.

Les paroissiens se tenaient sur la route, attendant avec anxiété le signal de l'arrivée... Tout-à-coup, un cavalier apparaît. On pressent, et il confirme la bonne nouvelle : la statue n'était plus qu'à une faible distance. Bientôt elle fit son entrée dans le village où elle était si désirée, et nous voyons encore l'amour et le respect qui la saluèrent. On arrêta le char qui portait ce pacifique conquérant des âmes, et chacun s'approchant pour contempler et admirer, on entendit comme un long cri de joie sortir de tous les cœurs. On félicitait l'artiste qui était là, heureux et récompensé de ses peines par ce témoignage spontané de l'admiration universelle. La génération ancienne versait des larmes en reconnaissant le pasteur qui avait guidé sa vie; les jeunes gens répétaient après leurs pères : « Oui, c'est bien notre Curé; » et tous, confondant leurs rangs, formèrent un long cortége à ce héros de la sainteté.

Notre frère Jérôme n'avait plus de voix; il suivait les mains jointes, les yeux fixés sur cette statue qui, pour lui, n'était plus un marbre froid et inanimé. Il lui parlait et on n'aurait pu lui persuader qu'elle ne l'entendait pas. Oh! avec quel respect il accueillit cette image vénérée et quel doux colloque dut s'établir entre le maître et le disciple, pendant que M. Toccanier et le comte des Garets faisaient faire le tour du village au char qui apportait à Ars la gloire de son pèlerinage!

En attendant que les décisions de l'Eglise permettent de placer dans le sanctuaire cette statue du Curé d'Ars, on l'a mise dans une salle de la maison de nos missionnaires. C'est là que, pendant sept ans, frère Jérôme conduisit fidèlement tous les pèlerins pour leur faire admirer le serviteur de Dieu dans l'attitude de la prière; et c'est là également que, chaque jour encore, de nombreux visiteurs vont achever leur pèlerinage par la contemplation de ces traits austères et pieux.

Comme nous le verrons dans le chapitre suivant, la santé du frère Jérôme déclinait rapidement. Ce n'était plus que momentanément que toutes ces fêtes l'arrachaient à sa tristesse habituelle. Il eut encore un éclair de sainte joie, ses forces jetèrent une dernière lueur le 4 août 1874; après quoi, nous le verrons terminer son humble carrière.

Mgr Richard, en succédant à Mgr de Langalerie, appelé à l'archevêché d'Auch, avait hérité de sa vénération pour la mémoire de M. Vianney. A la veille de commencer le procès de béatification du serviteur de Dieu, il voulut réunir un grand concours de pèlerins auprès de son tombeau. Le prélat désirait qu'une prière vive et fervente s'élevât d'Ars vers le cœur de Dieu, et obtînt du ciel le succès de ce second et important procès.

Le diocèse tout entier accueillit avec empressement l'appel de son premier pasteur qui désignait le 4 août comme l'époque choisie pour ce *triduum* de prières. Des commissions s'organisèrent dans le but de rendre le pèlerinage aussi nombreux que possible. Les adhésions que l'on reçut bientôt de toutes parts, prouvèrent combien le vœu de l'Evêque était cher à ses diocésains.

A Ars, les préparatifs étaient d'autant plus actifs que l'humble paroisse allait être le théâtre d'une manifestation bien glorieuse pour son vénérable Curé.

Les dimensions des temples, construits par la main de l'homme, ne suffisent plus, lorsque la foule accourt innombrable aux fêtes de la religion, et il faut recourir aux temples de verdure formés par la main du céleste architecte de la nature. Le bosquet d'arbres séculaires qui couvre de son ombre le château d'Ars, fut choisi pour abriter la nombreuse assistance. Une gracieuse estrade, entourée de colonnes et d'oriflammes blanches et rouges, se distinguait au centre du feuillage formant les voûtes de cette vaste cathédrale.

Mgr Richard avait encore obéi à une heureuse inspiration en demandant à Mgr de Langalerie de venir avec lui présider ces journées mémorables. Sa présence était pour ainsi dire nécessaire aux fêtes d'Ars. N'était-ce pas lui qui avait béni les derniers moments de celui dont il allait glorifier la tombe par des accents pleins d'éloquence?

Pendant ces trois jours, trente mille pèlerins vinrent prier à Ars, et le concours fut magnifique.

La première journée surtout offrit un spectacle admirable. Dès le matin, tous les échos du petit vallon étaient réveillés par de pieuses harmonies : c'étaient les paroisses voisines de Mizérieux, de

Sainte-Euphémie, de Saint-Didier et de Trévoux qui le sillonnaient en tous sens, en chantant le cantique de sainte Philomène et en marchant à l'ombre de leurs bannières.

A neuf heures, Ars était envahi par quinze mille pèlerins ; une belle et immense procession se forma et se dirigea ensuite vers le bosquet où allait se célébrer la sainte Messe.

Nous ne redirons pas l'effet émouvant des chants du saint sacrifice, de ce *Credo* jeté au ciel par tant de voix comme un cri magnifique de foi et d'amour. Nous ne répéterons pas non plus les discours de M#sr# de Langalerie, car son accent vibre encore dans la mémoire de ceux qui l'ont entendu. Rappelons seulement, pour en bénir Dieu et en remercier M#sr# Richard, quelques incidents de ces trois journées de triomphe qui réalisèrent si parfaitement ses intentions pieuses.

Le matin, dès une heure après minuit, le saint-sacrifice se célébrait sans interruption dans l'église d'Ars. Dès l'aurore les communions commençaient, et elles durèrent toute la matinée ; à dix heures la messe solennelle et le sermon, en présence d'une foule innombrable. Un salut solennel mit fin à cette croisade de ferventes supplications.

On se souvient encore des paroles si pleines d'onction que Mr Richard prononça le second jour, et de l'improvisation par laquelle Mgr de Langalerie termina le *triduum*, et dans laquelle, s'inspirant de l'église ombragée où il se trouvait, il compara si heureusement l'épiscopat aux arbres vigoureux qui étendaient la protection de leurs rameaux sur les fidèles, et salua, en désignant au milieu du bosquet un arbre plus grand et plus fort que les autres, l'illustre Pie IX comme la principale colonne de l'édifice.

Ces émouvants souvenirs ont un charme que les années n'affaiblissent pas, et la plume les exprime difficilement. Mais on comprendra que nous ayons voulu parler de ces fêtes pendant lesquelles frère Jérôme se montra d'un dévouement d'autant plus admirable que sa santé réclamait un repos presque absolu. Le supérieur général lui avait envoyé un aide de Belley ; mais frère Jérôme trouvait le moyen de ne rien retrancher aux œuvres de son ministère. Lorsqu'au milieu de la nuit, le frère Athanase, redoutant un excès de zèle, allait voir si la cellule du sacristain était occupée, il la trouvait vide. Dès une heure du matin, frère Jérôme était à l'église pour servir les messes, et il fallait l'autorité de son directeur pour obtenir de lui qu'il prît quelques heures de repos.

Dans la journée, la foule répétait sans cesse le nom du bon frère qui comprenait bien que c'était un appel. Alors, il faisait visiter la cure, les reliques, répétant mille fois de suite les mêmes récits, redisant à ces pèlerins émus et exigeants ce qu'il avait dit la veille et ce qu'il redirait le lendemain.

Hélas! les pèlerins avaient bien raison de se presser pour entendre redire les souvenirs du frère Jérôme! Pour lui, le lendemain devait être bien court, et bientôt Dieu allait briser son enveloppe mortelle, unique chaîne qui le retenait loin de son maître, le Curé d'Ars.

CHAPITRE XIV

Dernières années du frère Jérôme.

SA MALADIE. — SA MORT. — TÉMOIGNAGES RENDUS A SA MÉMOIRE PAR M. L'ABBÉ TOCCANIER ET LA PAROISSE D'ARS.

> La perspective de la mort n'a rien
> de si amère que la mort du Christ
> n'adoucisse.　SAINT AUGUSTIN.

Les fêtes dont nous venons de rappeler le souvenir apportèrent donc seules quelques joies pendant les quinze années qui suivirent la mort du Curé d'Ars et qui furent vraiment pour le frère quinze années d'exil. Sa figure amaigrie révélait ses souffrances et Dieu, qui n'épargne jamais ses saints, lui en voyait encore l'amertume des peines intérieures. Toute sa vie il avait connu cette épreuve.

Sa belle âme était souvent torturée par ce trouble que Dieu permettait, afin qu'elle se purifiât par la crainte, tout en s'élevant par l'amour. Du reste, ces inquiétudes de conscience, ces scrupules ne nuisaient en rien à sa confiance en Dieu, confiance si vive, si entière qu'il allait à Dieu avec l'abandon le plus complet et comptait, pour ainsi dire, sur la Providence, comme l'enfant compte sur le secours de son père. En 1856 et en 1870, il en a donné au frère Athanase des preuves visibles. Les ressources manquaient pour élever et agrandir la maison, et il semblait qu'on devait renoncer aux travaux : « Marchez toujours, disait-il à son directeur, la Providence nous viendra en aide. » Il lui forçait, pour ainsi dire, la main, et les événements justifiaient sa confiance.

Toutes les souffrances intérieures que nous venons d'indiquer n'eurent d'autre effet que d'aider à l'épanouissement des vertus du bon frère ; elles lui permirent d'atteindre bientôt à ce degré de perfection qui annonce que l'âme a fini de tresser sa couronne.

Son cœur si bon n'avait laissé s'altérer aucun souvenir de sa famille et de son pays. Il aimait les siens et Rumilly avec une affection touchante.

Toutes les années, plusieurs de ses lettres portaient à sa sœur Claudine les témoignages de son amitié pour elle et de sa sollicitude pour les siens. Il s'inquiétait de l'avenir de ses neveux et chargeait « sa bien chère sœur » de le tenir au courant des événements qui pouvaient survenir chez ses parents. Il pensait à tous ces souvenirs d'enfance, que la mélancolie de l'âge mûr ravive et ramène au cœur, et il bénissait ses parents chrétiens, M. Simon, ses maîtres zélés, dont le dévouement, les conseils et les enseignements l'avaient conduit au port.

Notre-Dame de l'Aumône était toujours pour lui l'étoile qui avait éclairé son berceau et guidé sa marche vers Belmont ; aussi la saluait-il avec la gratitude du voyageur heureux de sa course ! Dans presque toutes ses lettres il prie sa sœur d'aller s'agenouiller pour lui dans son sanctuaire vénéré.

Sa santé s'affaiblissant, ses supérieurs le forcèrent plusieurs fois d'aller respirer l'air natal ; ils espéraient que l'atmosphère vivifiante des montagnes lui rendrait ses forces. Frère Jérôme obéissait et était heureux de revoir son foyer, sa famille, le clocher de Rumilly : mais le ciel de son pays, l'affection des siens, l'air pur de la Savoie n'avaient plus la puissance de le guérir. Son mal venait du cœur et seule sa réunion avec le Curé d'Ars pouvait le dissiper. Sa tristesse était une nostalgie de l'âme qui ne peut plus supporter de vivre ici-bas.

Ces courses faisaient plaisir au frère Jérôme mais ne lui procuraient aucune distraction. En revenant à Ars, il se remettait à ses chères occupations et passait ses journées à parler, avec les pèlerins, de celui que ses récits faisaient pour ainsi dire revivre.

Toutes les phases du pèlerinage l'intéressaient vivement, et il reprenait son entrain d'autrefois dès qu'il se faisait une conversion, ou qu'il s'opérait une guérison. Il racontait alors ce qu'il savait avec une ardeur qui doublait le prix de sa narration. Les fêtes religieuses avaient sur lui la même puissance qu'autrefois : elles le sortaient de sa tristesse et faisaient éclater ce pieux enthousiasme qu'on aimait tant à voir en lui.

Les solennités que chaque année on célèbre, le 4 août, pour l'anniversaire de la mort du saint Curé, lui étaient particulièrement chères. Il aimait la pompe déployée en cette occasion, et ressentait une douce fierté en voyant la mémoire de son vénérable père si honorée. Il se multipliait pour répondre aux nombreux pèlerins et pour remplir ses fonctions de sacristain, si laborieuses ce jour-là. Son bonheur était grand lorsque les retraites, que prêchent les missionnaires deux fois par mois en été, avaient beaucoup d'auditeurs ; il les comptait, les encourageait à assister aux instructions et il partageait à sa manière la mission de zèle qu'accomplissaient les gardiens du tombeau du serviteur de Dieu.

Mais l'intérêt le plus cher qui restait au frère Jérôme, était le procès commencé pour la béatification du Curé d'Ars. Pour lui, rien ne pouvait être plus important, et il priait avec une ferveur angélique pour le succès de cette grande cause. Non-seulement il priait, mais il faisait prier sans cesse les pèlerins dans ce but ; aussi les nouvelles qui laissaient pressentir le triomphe de tant d'efforts réunis, lui redonnaient-elles une vie et un entrain inconnus depuis le 4 août 1859. Il les écrivait vite à sa sœur, il les donnait à tout le monde avec bonheur et avec joie.

Le décret qui annonça aux catholiques que, le 3 octobre 1872, le Saint-Père avait déclaré vénérable le Curé d'Ars, causa un bonheur incomparable au frère Jérôme ; et, on le comprend par la joie que ressentirent tous ceux qui avaient aimé et admiré le vénérable prêtre. Dans nul cœur cependant, la voix de l'Eglise n'eut un écho comparable à celui qu'elle trouva dans celui du bon frère ; cet écho se transforma en un *Nunc dimittis* plein d'allégresse : le disciple n'avait plus besoin de vivre puisqu'il avait vu la gloire de son maître !

Dieu le laissa encore jouir et souffrir trois années, jouir de la vénération qui entourait ce tombeau précieux, souffrir d'une séparation qui ne finirait qu'au ciel. Mais peu à peu les forces de cette nature si énergique allaient en diminuant. Déjà l'hiver de 1870, par son froid rigoureux, à l'action duquel venaient s'ajouter les inquiétudes mortelles causées par une guerre si meurtrière pour la France, lui avait porté un rude coup. Son cœur généreux ne pouvait supporter la pensée de tant de sang répandu, et il avait organisé une ligue de prières pour obtenir de Dieu miséricorde.

Tous les soirs, avant ou après le Chemin de la Croix, il récitait le Rosaire et des prières pour désarmer la justice divine. Sa persévérance faisait dire aux personnes qui priaient avec lui :« le frère

Jérôme est infatigable. » Et en effet, soldat pacifique, il ne se décourageait pas de combattre avec son arme favorite, la prière.

Le froid lui porta une première atteinte ; mais le frère Jérôme, si doux pour les autres, était dur pour lui-même et il ne pouvait consentir à se reposer. Il continuait donc son service de sacristain malgré ses fatigues, et, souvent, il était obligé de s'asseoir pendant qu'il servait la messe. Mais la souffrance n'était rien pour celui qui avait été à l'école du Curé d'Ars, et il voulait la surmonter à tout prix.

Dieu, qui jugeait sa tâche finie ici-bas, le préparait à entendre son appel ; le saint Curé priait pour son compagnon, et la mort qui les avait séparés allait bientôt les réunir. Une anémie se déclara. Le frère Jérôme était à bout de forces, l'huile de sa lampe était consumée, et il devait s'éteindre bientôt. Une chute précipita sa fin ; les souvenirs du frère Athanase nous le disent :

« Après la chute qu'il fit sur le verglas, à la fin
« de décembre 1874, chute qui a été la cause de
« sa mort, il sentait qu'une maladie grave devait
« s'ensuivre. Il me demanda avec la plus vive
« instance de quitter l'établissement pour aller se

« faire soigner à notre maison mère : « Je vais
« vous causer de l'embarras, disait-il, et j'en se-
« rais trop fâché, vous en avez déjà assez. Je vous
« aime trop pour que je consente à vous faire de
« la peine et je vous en ferais en restant ici. » Il
« fallut céder à ses prières pour ne pas le con-
« trister.

« Je suis allé le voir plusieurs fois pendant sa
« dernière maladie; « Je vous remercie beaucoup,
« me disait-il; je pensais bien que vous ne m'ou-
« blieriez pas. » Il ne demandait pas sa guéri-
« son. « Priez pour moi, répétait-il, pour que
« j'aime bien le bon Dieu. »

« Lorsqu'on lui disait que l'on priait pour son
« rétablissement, il répondait : « Comme le bon
« Dieu voudra. » Il pensait encore à ses chers
« pèlerins, à ses chers enfants, au tombeau du
« vénéré Curé d'Ars. « Mon remplaçant a-t-il bien
« soin de tout, demandait-il? » Se souvenant de
« 15 centimes oubliés dans une vieille soutane
« laissée à Ars, il me recommanda de les remettre
« à l'église à laquelle ils appartenaient.

« Il parla aussi des enfants d'Ars qui venaient
« de faire leur première communion, les nom-

« mant tous, s'informant de la manière dont ils

« avaient accompli ce grand acte.

« Enfin cette belle âme était mûre pour le ciel ;
« Dieu l'appela à lui le 23 avril 1875. Il avait
« 54 ans. »

Ce fut donc ce jour-là qu'à huit heures du matin, sans angoisse et avec une paix profonde, s'en-
dormit dans le Seigneur notre bon et cher frère
Jérôme. Il avait sa connaissance pleine et entière,
et ses lèvres ne cessaient de répéter ce cri d'une
âme heureuse de mourir : « *Benedicamus Do-
mino !* » Dieu est admirable dans ses saints, et à
ce cœur si souvent troublé par des inquiétudes
de conscience pendant sa vie, il faisait sentir, au
dernier moment, ce calme souverain, cette tranquillité qui est l'avant-goût du ciel !

Nous ne doutons pas que le saint Curé, à cette
heure suprême, ne soit venu chercher l'âme de
son bon serviteur. N'était-ce pas de ses bras qu'il
était parti pour le ciel quinze ans auparavant? Oh !
oui, le maître était là quand le disciple a expiré,
nous en avons la douce confiance, et c'est le Curé
d'Ars qui a introduit dans le ciel son fidèle compagnon, son ami. Quel accueil réciproque elles ont
dû se faire, ces deux âmes si unies, si liées l'une

à l'autre ! Nos yeux mortels ne sont pas dignes de contempler un spectacle aussi beau. Les anges et les saints seuls ont vu la réalité de ce bonheur admirable.

Mais pendant que le ciel était en fête, on pleurait à Belley, et à Ars on versait aussi des larmes bien amères... Le Supérieur général, frère Amédée, profondément frappé par la mort de ce fils dévoué, laissait échapper sa douleur dans une lettre touchante (1).

Ars était consterné : le frère Jérôme était tant aimé ! sa place était si bien marquée près du tombeau du vénérable Curé ! Qui donc le remplacerait ? On le regrettait, on le pleurait ; il semblait que cette ombre vivante du saint prêtre, en s'évanouissant, laissait un vide que rien ne pourrait combler.

On aurait voulu posséder au moins ses dépouilles mortelles. Ne devaient-elles pas reposer près de celles de son maître ? L'émotion causée par cette mort fut égale à l'admiration qu'avait excitée la vie si humble et si utile du bon frère.

Aussi, le dimanche qui suivit la réception de

____

(1) Voir Note IX.

cette triste nouvelle, M. Toccanier, curé d'Ars, rendit-il un juste hommage à cette mémoire si aimée.

« Que de fois, dit-il, nos mains se sont entrela-
« cées autour du corps de notre saint, pour proté-
« ger sa marche au milieu de la foule des pèle-
« rins ! Que vous dirai-je de son dévoué concours
« pour réaliser le dernier vœu du vénérable Curé,
« par l'érection d'un sanctuaire en l'honneur de
« sainte Philomène ? de sa complaisance inépui-
« sable pour les pèlerins qu'il charmait par le
« récit incessant des plus petits détails de la vie
« du serviteur de Dieu? de sa dévotion remarqua-
« ble pour le chemin de la croix qui lui a valu la
« grâce de mourir un vendredi, dans les disposi-
« tions parfaites de résignation à la volonté divine ?
« de sa tendre sollicitude pour l'enfance, pour les
« habitants d'Ars, pour tous ? »

Puis, pour expliquer pourquoi Belley ne cédait pas à Ars son trésor, il ajouta :

« Le religieux ne s'appartient pas plus après sa
« mort que pendant sa vie. Le Supérieur général
« des frères ayant manifesté le désir d'unir les
« restes mortels du frère Jérôme à ceux du fonda-
« teur de la congrégation et de ses frères en reli-

« gion, nous n'avons pas osé insister, et nous
« nous sommes résignés à nous priver de la con-
« solation de le posséder et de le déposer auprès
« de notre vénérable Curé que le bon frère
« Jérôme a tant aimé !.. »

L'émotion qui suivit ces paroles fut vive et profonde. Chacun se souvenait du bon frère et se
demandait comment on se ferait au vide que sa
mort venait de laisser.

Chez les frères, la tristesse était grande. Son
directeur et ami avait particulièrement besoin du
secours d'en haut pour supporter une croix aussi
lourde que celle de la mort du frère Jérôme. Une
union de 25 ans, brisée en un seul jour ! C'eût été
une douleur insurmontable si Dieu, qui met la
croix sur les épaules, n'eût aidé à la porter.

Mais il est inutile de chercher à peindre une tristesse et des regrets que chacun a ressentis. Les
frères pleurent toujours ce fils, ce confrère si dévoué. Les missionnaires regrettent encore cet ami
si sincère, si empressé.

Les habitants d'Ars n'oublieront jamais ce religieux si charitable, et les pèlerins ne se console-
ront pas d'avoir perdu ce guide si fidèle et si complaisant.

Notre tâche est terminée, tâche bien douce, puisque nous avons cherché à retracer les traits d'une figure vénérée, à rappeler une mémoire bénie. Puissions-nous avoir satisfait nos lecteurs, et répondu aux vifs désirs de ceux qui voulaient entendre parler du frère Jérôme !

Et en déposant notre plume inhabile, nous demandons pour cette œuvre modeste, une triple bénédiction qui supplée au peu de talent de l'auteur et qui récompense en même temps notre bonne volonté : celle du vénérable fondateur de la congrégation où s'est sanctifié le frère Jérôme; celle du saint Curé qui a conduit au ciel le frère Jérôme ; Et enfin, celle du bon et dévoué religieux dont nous venons de redire les vertus.

Nous n'avons qu'un désir à la fin de ce travail, qu'une ambition, c'est d'avoir réalisé la devise du frère Jérôme, car nous aussi, nous avons essayé de « bien faire plaisir ! »

NOTES

Monsieur Simond, curé de Rumilly.

1819-1876

M. Simond, que Rumilly a eu le bonheur de posséder plus de 50 ans et dont il conservera toujours le souvenir, fut un curé modèle. Il avait le zèle infatigable de l'apôtre, uni aux solides qualités du pasteur ; aussi son ministère eut ce cachet de dévouement et de piété qui l'a rendu si utile à la gloire de Dieu et si fécond en bonnes œuvres.

Né à Samoëns, le 20 octobre 1789, il annonça dès ses premières années que sa vie se passerait sur un champ de bataille, et lorsque un jour sa mère lui demandait : « Que veux-tu faire ? » il fixa son avenir par cette réponse : « Prêtre ou soldat. »

La milice sacerdotale fut celle qu'il choisit, et il voua au service de Dieu les dons brillants de son esprit et de son cœur. Ordonné prêtre le 1er août 1812 par Mgr de Solle, évêque de Chambéry et de Genève, il fut envoyé successivement comme vicaire à la Motte-Servolex, à Yenne, et enfin à Genève, près de M. Vuarin, dont il fut le collaborateur pendant quatre années.

Le temps passé dans l'intimité d'un homme aussi remarquable que M. Vuarin, fut un noviciat précieux pour M. Simond. A cette sainte et forte école, il se forma aux vertus qui font le bon prêtre, le ministre de Dieu et l'auxiliaire de la vérité.

Il fut ensuite curé, pendant deux ans, à Bonne-sur-Menoge où, malgré la rapidité de son passage, son dévouement laissa des traces qui ne sont pas encore effacées. Il fut enfin nommé curé de Rumilly, en 1819.

Rumilly, qui était une des paroisses les plus importantes du diocèse de Chambéry, ressentit bien vite l'influence du pasteur que Dieu lui envoyait, et sous sa houlette, tenue d'une main ferme, les confréries, les prières solennelles du soir, la fréquentation des sacrements, en un mot, tout ce qui entretient la vie religieuse d'une paroisse fut remis en vigueur et assura le bien que voulait faire M. Simond. Il donna aussi un grand essor aux œuvres si utiles pour l'instruction chrétienne. Grâce à lui, le collége de Rumilly, qui datait de 1650 et que la Révolution avait supprimé, fut rétabli. Les écoles pour les filles furent consolidées et arrivèrent à un beau développement. Celles des garçons reçurent l'immense bienfait d'être confiées aux Frères des Ecoles Chrétiennes ; enfin, l'hôpital fut enrichi et solidement fondé, l'église de Rumilly rebâtie, et le pèlerinage de Notre-Dame de l'Aumône, dont nous parlerons plus loin, dut sa restauration au zèle du saint curé.

Une si belle vie, une si laborieuse carrière devait être couronnée par une mort digne d'elle. M. Simond avait toujours demandé la grâce de mourir dans l'exercice du saint ministère, et il sembla que Dieu

voulût exaucer son fidèle serviteur. En effet, ce fut
à l'autel, en célébrant le saint Sacrifice qu'une défaillance annonça au bon curé que sa dernière heure
était proche. L'appel de Dieu le trouvait remplissant
les plus augustes fonctions du prêtre. La victime
sainte, qu'il venait d'offrir, lui donnait la consolation de mourir les armes à la main ; armes puissantes et divines, le calice et l'hostie qui font couler
le sang de l'Agneau, pour fléchir le ciel, et sauver
la terre !

La courte maladie de M. Simond fut, pour cette
belle vie, comme le soir d'un beau jour, un spectacle
calme et doux succédant aux travaux d'une noble
lutte. Son amour pour Dieu, sa dévotion à la Sainte-
Vierge et sa charité pour ses paroissiens ne se dé-
mentirent pas un instant. Même sur son lit de mort
il ne cessa de donner des exemples de dévouement,
fidèlement recueillis par ceux qui l'entouraient.
Jusqu'à la fin, il pria, il exhorta, il remercia les habitants de Rumilly des preuves d'un attachement
que la mort ne devait pas briser, et soutenu par ses
vicaires, environné de leur affection, il s'éteignit
doucement le 26 mai 1876 en bénissant sa paroisse
et en baisant l'image de Notre-Dame de l'Aumône.

Sa belle âme allait au Ciel recevoir la récompense
de 87 années de travail pour Dieu et sa gloire !

La reconnaisance et l'amour de ses paroissiens
firent de ses funérailles un véritable triomphe, et un
imposant cortége accompagna les restes vénérables
du curé de Rumilly jusqu'aux pieds de Notre-Dame
de l'Aumône où ils furent déposés.

Les pèlerins qui visitent ce sanctuaire peuvent lire sur sa tombe cette épitaphe du véritable pasteur qui a donné sa vie pour ses brebis :

J'AI TRAVAILLÉ POUR VOUS,

PRIEZ POUR MOI.

N° II

Notre-Dame de l'Aumône.

« C'est vers l'année 1177 que doit remonter la fon-
« dation du prieuré de Notre-Dame de l'Aumône,
« des chanoines réguliers de Saint-Augustin. Le
« prieur en était nommé par le prévôt de la maison
« hospitalière du grand Saint-Bernard. Dans les
« premiers temps de la fondation de ce prieuré, les
« religieux augustins donnaient asile aux voya-
« geurs que la crue des eaux empêchaient de tra-
« verser le Chéran qui coule à ses pieds. Pendant
« trois jours, la table et le lit ne leur coûtaient rien,
« et s'ils étaient pauvres on leur fournissait même
« pour leur route des aliments et quelques pièces
« de monnaie. De là est venu le nom de Notre-Dame
« de l'Aumône. Plus tard, l'aumône consiste dans
« un pain que le prieur fait distribuer à chaque
« pauvre de la ville et de la banlieue, le second
« mardi de carême, après avoir fait sonner la cloche

« du prieuré pendant une heure. L'ancienne cha-
« pelle de ce prieuré, consacrée à la Sainte-Vierge,
« sous le vocable de l'Assomption, est l'objet de
« plusieurs traditions pieuses et l'un des pèlerinages
« les plus fréquentés de la Savoie et des départe-
« ments voisins. Vendu par la République française
« en 1793, ce sanctuaire vénéré fut racheté en 1805
« par Aimé-Vincent Gaspard de Pingon, qui en fit
« donation à la commune de Rumilly.

   « Il fut rendu au culte par décret du 1er avril 1808
« de l'empereur Napoléon Ier. L'ancienne chapelle
« consiste dans le chœur actuel ; l'avant-chœur et
« la colonnade sont des additions qui datent de 1823.

   « Sa Sainteté Pie IX a accordé, en faveur de la
« chapelle de Notre-Dame de l'Aumône, quatre brefs
« en date des 12 avril, 7 et 10 juin 1859 et 14 juil-
« let 1863.

(Histoire de Rumilly, par F. Croisollet, notaire.)

   « Pour maintenir au milieu d'une population la
« virginité des croyances et des mœurs, il est néces-
« saire de conserver et de développer le culte de
« Marie Immaculée. M. Simond saisit clairement ce
« principe ; et voilà pourquoi, dès les premiers jours
« de son installation jusqu'à la dernière semaine de
« sa vie, le voyons-nous se diriger avec la foule de
« ses paroissiens, vers le sanctuaire béni qui se
« cache dans les blés et les bosquets du Chéran, et
« abrite sous son toit la Dame tant aimée de l'Au-
« mône. Elle était bien pauvrette alors, la distribu-
« trice des trésors célestes ! On arrivait à sa maison

« par un petit chemin longeant les berges de la
« rivière. L'avenue n'existait pas. L'étroit sentier
« bordé d'épines qui conduisait les pèlerins à la
« chapelle, festonnait les bases de la muraille méri-
« dionale et s'en allait dans la direction du Sud-Est.
« Le tilleul était planté : sa vigoureuse constitution
« promettait à l'avenir un feuillage majestueux. Un
« porche, profond comme un couloir, s'ouvrant au
« couchant par une galerie de quatre colonnes cal-
« caires, ouvrage de M. J.-P. Besson, servait de
« vestibule.

« Le sanctuaire proprement dit ne comprenait que
« la partie qui s'étend aujourd'hui du grand arc au
« chevet. La façade en était pleine et sans ornemen-
« tation. Une porte ogivale, grossièrement exécutée
« et à un seul ventail donnait accès dans l'inté-
« rieur. »

Ces lignes, empruntées à l'esquisse historique de
M. Léon Bouchage sur M. Simond, dont il fut l'ami
et l'auxiliaire dévoué, montrent assez que Notre-Dame
de l'Aumône avait besoin d'un serviteur zélé et actif
pour relever son sanctuaire et propager sa gloire.
M. Simond fut l'apôtre infatigable de cette œuvre
déjà si sympathique et, chaque année de sa laborieuse carrière, il consacra ses soins et son argent
aux travaux qui transformèrent la pauvre petite
chapelle du pèlerinage en un bel édifice digne de la
Reine du ciel et de la piété des fidèles.

Les pèlerins de Notre-Dame de l'Aumône peuvent
donc considérer ce sanctuaire vénéré comme un
témoignage monumental de l'amour du Curé de

Rumilly pour la Vierge-Immaculée aux pieds de laquelle il dort en paix. Ceux qui voudraient s'édifier et lire le récit détaillé des faits du pèlerinage de Notre-Dame de l'Aumône, n'ont qu'à se procurer l'intéressante brochure que l'on doit encore à la plume si pieuse et si pleine de talent de M. L. Bouchage. On sent, en la lisant, que le serviteur parle d'une reine aimée, et que c'est un enfant dévoué qui redit la gloire de sa Mère.

Nᵒ III

Claudine Dunoyer

La notice suivante est empruntée aux souvenirs de la congrégation des enfants de Marie de Rumilly. Nous aimons à la reproduire comme un hommage rendu à la mémoire de la sœur préférée du frère Jérôme :

« Claudine Dunoyer naquit à Rumilly d'une hon-
« nête et laborieuse famille. Son naturel doux et ses
« dispositions pieuses se révélèrent dès l'âge le plus
« tendre. Aimant de préférence l'un de ses frères qui
« se rapprochait d'elle par une similitude d'âge, de
« goûts et de tendances, elle avait échangé avec lui
« la promesse de passer leur vie ensemble en la con-
« sacrant au service de Dieu.

15

« Ce projet de leurs premières années ne s'accom-
« plit qu'en partie. Plus tard, le jeune homme, en-
« traîné par un appel divin, entra chez les Frères de
« la Sainte-Famille, où il reçut le nom de frère Jérôme,
« tandis que sa sœur, moins favorisée, était appelée
« à la pratique difficile de la vertu dans le monde.
« Mais si leurs destinées étaient séparées, leurs âmes
« restèrent unies ; elles se retrouvaient dans la prière
« et dans une correspondance où la sœur confiait à
« son frère ses peines, ses appréhensions constantes
« que suscitaient en elle sa nature craintive, et son
« extrême délicatesse de conscience. Le frère Jérôme,
« en retour, la dirigeait de ses conseils et relevait
« son courage.

« Claudine fut donc de bonne heure tournée vers
« les choses sérieuses. L'âge périlleux de la jeunesse,
« si funeste à tant d'âmes, n'apporta aucun trouble
« dans son cœur et à mesure qu'elle avançait dans
« la vie, on voyait grandir en elle l'esprit de prière
« qui devait être le trait particulier de sa piété.

« Cette vie fut bien remplie. A l'heure la plus ma-
« tinale, Claudine arrivait à l'église et assistait dé-
« votement au saint Sacrifice. Souvent elle recevait
« le Dieu qui donne la force ; puis, après une action
« de grâces, humble et recueillie, elle s'en allait
« courageuse à son modeste travail de couturière.
« On ne la vit jamais oisive : courbée du matin au
« soir sur son aiguille, les rares instants dont elle
« pouvait disposer étaient sanctifiés par la prière et
« par la charité. Une visite à l'église ou aux pauvres
« était son plus cher délassement. Ne pouvant, avec

« ses modestes ressources, satisfaire son amour
« pour les indigents, elle intercédait les personnes
« riches et obtenait des secours pour ceux que re-
« tenaient la fierté ou la honte ; ou bien, compatis-
« sante comme une sœur de charité, elle soignait
« les malades, les exhortait à la patience et les en-
« courageait en leur montrant le ciel.

« Son visage modeste inspirait la vénération et le
« respect, et quand elle passait, l'on s'inclinait invo-
« lontairement. Claudine avait pour tous le sourire
« affectueux et les paroles suaves qu'inspire la vraie
« charité. Cette aimable vertu, jointe à une ardente
« piété, la dirigeait encore dans ses délicates fonc-
« tions de conseillère des enfants de Marie. Là, son
« zèle était sans limites. Elle eût voulu enrôler toutes
« les âmes sous la bannière de Marie. Mais en même
« temps, avec quel tact et quelle prudence n'agissait-
« elle pas? Comme sa douceur, sa condescendance
« et sa bonté la faisaient chérir des jeunes filles qui
« lui étaient confiées !

« Ainsi s'écoula cette humble existence, partagée
« entre le travail, la prière, les œuvres de charité
« et de zèle. L'uniformité n'en fut interrompue que
« par quelques voyages destinés à satisfaire sa piété
« et son amour fraternel. C'était Ars que Claudine
« visitait de préférence. Là, le frère Jérôme occupait
« un poste insigne : il était le compagnon, l'ami du
« Curé d'Ars, et quand sa sœur arrivait, il la faisait
« profiter largement des droits qu'entraînait un pa-
« reil privilége.

« Claudine fut admise plusieurs fois par le véné-

« rable Curé qui l'entretint longuement et, discer-
« nant en elle une âme choisie de Dieu, lui donna de
« vive voix, et même par écrit, de sages conseils
« pour la direction de son âme. Claudine en revenait
« réconfortée et joyeuse, et, comme tous les cœurs
« généreux qui aiment à partager les bienfaits dont
« ils sont favorisés, elle distribuait autour d'elle les
« reliques apportées de son pieux pèlerinage.

« Sa couronne était prête ; une perle nouvelle s'y
« était enchâssée chaque jour. Dieu voulut, par une
« dernière épreuve, en augmenter encore l'éclat.
« Elle perdit son frère, et n'eut pas même la conso-
« lation de lui fermer les yeux. Le coup fut terrible !
« mais résignée et soumise, Claudine courba la tête
« en pensant que pour elle aussi sonnerait bientôt
« l'heure du départ. Son frère ne lui avait-il pas
« promis de l'appeler s'il la précédait dans l'autre
« vie ? Dieu avait entendu ce vœu et confirmé cette
« promesse. Dans la même année, ces deux belles
« âmes devaient être réunies.

« Dès la mort du frère Jérôme on vit, en effet, sa
« sœur décliner et s'affaiblir. A sa gaieté naturelle
« succédait une sorte de gravité triste et silencieuse.
« Au mois de juin elle put s'associer encore aux
« nombreux et fortunés pèlerins de Paray-le-Monial
« et les souvenirs délicieux qu'elle en rapporta,
« charmèrent le peu de jours qu'il lui restait à pas-
« ser ici-bas.

« Malgré le changement physique qui trahissait
« en elle une souffrance cachée, elle ne cessa sa vie
« laborieuse que quand le mal la força de s'arrêter.

« C'était dans les premiers jours de septembre ; son
« état n'eut d'abord rien d'alarmant ; elle seule ne
« s'y trompa point et comprit que Dieu allait lui de-
« mander le sacrifice de sa vie. Elle le fit avec joie
« et marcha sereine et confiante vers cette dernière
« heure, envisagée naguère avec effroi....

   « Au bout de quelques jours, le mal empira ; tout
« espoir de guérison s'évanouit. C'est alors que cette
« âme se révéla tout entière et montra combien il
« est doux de mourir quand on a aimé et servi son
« Dieu. Quoique dévorée par une fièvre ardente,
« Claudine ne perdit pas la lucidité de son esprit.
« Le samedi, avant-veille de sa mort, elle s'occupa
« de régler ses affaires temporelles, réunit ses pa-
« rents, leur fit ses recommandations suprêmes, mit
« ordre à tout, et tranquille de ce côté, elle ne son-
« gea plus qu'à l'autre monde où elle allait entrer.
« Pendant ces dernières journées, elle ne cessa de
« prier, de chanter des cantiques, racontant son
« bonheur à ceux qui l'entouraient : « Comme le
« frère Jérôme sera heureux, disait-elle, lorsqu'il
« verra sa sœur le rejoindre au paradis ! » Le jour
« de sa mort, lundi 6 septembre, comme un prêtre,
« directeur des enfants de Marie, qui la visitait,
« l'exhortait à la confiance, elle lui dit : Qu'elle
« mourait tranquille ; et, aussitôt d'une voix joyeuse,
« elle entonna le cantique : *Je mets ma confiance,*
« *Vierge, en votre secours !*

   « La chambre de la mourante était ouverte à tous.
« Chacun y pénétrait pour admirer le saint et con-
« solant spectacle d'une âme pure, prête à s'envoler

« vers Dieu, et la charger d'un message pour le ciel.
« Quelques instants avant d'expirer, elle crut voir
« ses deux protecteurs, le Curé d'Ars et le frère
« Jérôme qui venaient, sans doute, l'aider au grand
« passage. Puis, elle tomba dans un profond som-
« meil, et, peu après, elle rendit son dernier soupir
« entre les bras de Celle qui n'abandonne pas à
« l'heure suprême ses fidèles enfants.

« La sympathie et la vénération publiques se ma-
« nifestèrent d'une manière touchante aux funé-
« railles de la défunte : un nombreux et pieux cor-
« tége suivit, jusqu'à sa dernière demeure, celle qui
« avait été un si remarquable exemple de cette vraie
« et solide dévotion qui force le respect de tous.

« La Congrégation gagna au ciel une protectrice
« de plus dans ce modèle des Enfants de Marie ;
« mais elle perdit ici-bas un membre actif et zélé.
« Son souvenir nous reste et nous, ses compagnes,
« nous ne pouvons mieux lui prouver la tendre af-
« fection que nous lui gardons, qu'en suivant la
« trace que ses vertus et sa piété ont laissée après
« elle.

« M. DESCOTES,

« *Secrétaire de la Congrégation des*
Enfants de Marie de Rumilly. »

Nᵒ IV

Prêtres et Religieux de Rumilly.

« Les prêtres natifs de Rumilly sont aujourd'hui
« (1868) au nombre de quarante. En voici l'état per-
« sonnel :

« *Chanoines effectifs* : Révérends Descotes, Pierre
« Eloi, supérieur du Grand Séminaire de Chambéry
« et grand-vicaire du diocèse ; Croisollet, Joseph,
« François, l'un des aumôniers du Bon-Pasteur.

« *Chanoine honoraire* : Morand, Noël, aumônier
« de l'hôpital militaire.

« *Curés* : Belville, François, curé de Barberaz ;
« Bel, Joseph, curé de Saint-Eusèbe ; Bel, Joseph-
« neveu du précédent, curé de Boissy-la-Rivière ;
« diocèse d'Orléans ; Bise, Augustin, curé d'Espieds,
« diocèse de Versailles ; Brachet, Jean-Pierre, curé
« de Saint-Franc ; Brellaz, Joseph, curé de Motz ;
« Bruyère, Claude-François, curé du Mont-du-Chat ;
« Calloud, Claude-Michel, ancien curé de Monta-
« gnole ; Calloud, Jean-Baptiste, curé d'Yenne ;
« Collomb, François, curé de Saint-Martin-du-Vil-
« lard ; Dijoud, Fabien, curé de Saint-Félix ; Ducret,
« Joseph-Antoine, curé des Molettes, ex-professeur
« au Lycée de Chambéry ; Ducruet, Joseph, ancien
« curé de Saint-Baldoph ; Falconnet, Claude, ancien
« curé de Villaroux ; Gény, Jean-François, curé

« d'Aillon-le-Jeune ; Girod, Jean, curé de Saint-Ger-
« main ; Mallinyoud, Jean, curé d'Oncin ; Ramaz,
« Anthelme, curé de Gresy-sur-Aix, Thomasset,
» Fabien, curé de Châteauneuf.

« *Professeurs :* Simonod, Georges, professeur de
« belles-lettres au collége de Rumilly ; Buttin, Fran-
« çois-Eugène, professeur de belles-lettres au Petit-
« Séminaire de Saint-Pierre-d'Albigny.

« *Aumôniers d'établissements publics :* Bise,
« Michel, aumônier des sœurs de Saint-Joseph à
« Chambéry ; Chavanel, Charles, aumônier de l'école
« normale d'institutrices à Rumilly ; Chenal, Claude-
« François, aumônier des Frères des Ecoles chré-
« tiennes à Chambéry ; de Chevilly, Jean-Baptiste,
« directeur spirituel au Lycée de Chambéry.

« *Secrétaire de Son Eminence le Cardinal Ar-
« chevêque :* Dunoyer, Jean-Baptiste.

« *Vicaires :* Janin, Joseph, et Pétrier, Jean-Claude.

« *Ordres religieux :* Descotes, Jean, jésuite ;
« Ducret, Jean-Claude (Dom Théodule) chartreux ;
« Chenal, Hyacinthe, missionnaire de la Congréga-
« tion de l'Immaculée-Cœur-de-Marie.

« *Capucins :* Dunoyer, Jean-Baptiste. (R. P. Al-
« phonse, ci-devant procureur général de l'ordre des
« Capucins) ; Rognard, Joseph (P. Eugène, supé-
« rieur du séminaire de Saint-Paul au Brésil) ; Cha-
« puisat (P. Généreux) ; Comoz (P. Irénée) ; Rassa
« (P. Jean-Baptiste).

« *Trappiste :* Dunoyer, Valentin, ancien mission-
« naire.

« Plusieurs jeunes gens de Rumilly font partie de

« l'Institut des Frères des Ecoles chrétiennes et de
« celui de la Sainte-Famille. (Dunoyer, François,
« frère de la Sainte-Famille, en religion, frère Jé-
« rôme, a été, dès fin octobre 1849, le frère sacristain,
« le compagnon et le serviteur du révérend Curé
« d'Ars, jusqu'à la mort de ce vénérable prêtre,
« arrivée le jeudi 4 août 1859.)

(*Histoire de Rumilly*, par E. Croisollet, notaire.)

Nº V

Le comte des Garets d'Ars.

Les lignes suivantes résumant admirablement
cette existence si liée à celle du Curé d'Ars, nous les
plaçons ici comme un touchant hommage rendu à sa
mémoire :

« Une belle vie qui a son digne couronnement
dans une sainte mort : voilà, en deux mots, l'histoire
simple et enviable de M. le comte de Garnier des
Garets, ancien conseiller général de l'Ain, maire
d'Ars depuis quarante-deux ans, chevalier des ordres
de saint Grégoire-le-Grand et de la Légion-d'honneur,
qui a rendu son âme à Dieu le 4 janvier, dans la
quatre-vingtième année de son âge.

« M. des Garets a eu longtemps sur la terre un

titre qu'il n'a pas perdu avec la vie : il était l'ami du
Curé d'Ars.

« En arrivant en 1818 dans cette paroisse, l'une
des plus humbles et des plus ignorées du diocèse de
Belley, le nouveau pasteur, qui devait la rendre
illustre dans le monde entier, fit sa première visite
au château, où Mlle d'Ars lui présenta son héritier.
« Dans cette maison, répondit M. Vianney, les générations se succèdent, mais c'est toujours la maison
du bon Dieu. »

« M. des Garets s'est attaché, toute sa vie, à vérifier
cette parole, et il a été en cela puissamment aidé par
sa pieuse famille, toujours disposée à se mettre au
service du vénérable Curé pendant sa vie, et du
pèlerinage incessant qui a eu pour but sa personne
d'abord, puis ensuite son tombeau.

« M. des Garets était vraiment le ministre tempo-
rel du saint. Il a tout disposé pour le libre et facile
exercice de sa prodigieuse mission. L'ordre et la
paix n'ont cessé de régner dans la petite commune
confiée à sa garde vigilante. Tous les jours, il avait
le bonheur d'entretenir celui autour duquel les foules passaient de longues heures pour en obtenir, à
grand'peine, un avis, un regard, une bénédiction. Il
a été témoin des miracles opérés par le grand serviteur de Dieu, et lui-même a été l'objet d'une faveur
qui fut considérée par ses proches comme surnatu-
relle. En 1840, retenu à Trévoux par une pleurésie
d'un caractère très-grave, il fut guéri pendant une
messe célébrée à Ars, par le saint Curé, à son intention.

« Il a pris une part active et généreuse à la fondation de la maison, si utile, des Frères de la Sainte-Famille ; M. le Curé lui en témoignait souvent sa reconnaissance en lui annonçant que sa récompense serait au ciel.

« M. des Garets n'a pas quitté le pauvre chevet du Curé d'Ars pendant sa dernière maladie ; il lui a fermé les yeux comme un bon fils, et a reporté sur les zélés missionnaires, qui continuent les œuvres entreprises, toute son affection intelligente et dévouée. Aussi les missionnaires et les frères l'ont-ils lui-même entouré, à ses derniers moments, de leurs plus tendres soins.

« Rien n'était beau comme de voir ce respectable vieillard recevant, sur son fauteuil, les derniers sacrements, avec un calme, une humilité, une foi admirables. Il a gardé jusqu'à la fin sa plus entière connaissance ; il ne cessait de prier, et quand il tombait parfois dans le délire, il priait encore par la force de sa sainte habitude.

« Les funérailles ont été des plus touchantes ; pendant deux jours, la population entière était venue prier auprès du corps du vénéré défunt. Une foule, que l'on peut évaluer à un millier de personnes, au nombre desquelles beaucoup d'ecclésiastiques, l'a accompagné au cimetière. Les pompiers ont voulu porter le cercueil, entouré du conseil municipal et d'un grand nombre de maires voisins.

« La grand'messe a été chantée par M. Descôtes, supérieur des missionnaires du Pont-d'Ain.

« Monseigneur l'Evêque de Belley était représenté

par son frère et vicaire-général, qui est monté en chaire pour donner à cet homme de bien un solennel hommage d'affection et de vénération. Nous ne saurions mieux clore cette imparfaite notice qu'en reproduisant un précieux témoignage auquel le souvenir du Curé d'Ars donne un intérêt général.

« Voici ce qu'écrivait, à son retour de Rome, à l'une des filles de M. des Garets, Monseigneur l'évêque de Belley.

« Belley, 28 décembre 1878.

« Mademoiselle,

« Il me tarde de ne vous avoir point encore dit
« combien les nouvelles que vous m'avez données de
« M. le Comte m'ont ému et me laissent inquiet.
« Lorsque je vais à Ars, il me semble, en voyant
« M. des Garets, que le vénérable Curé n'a point en-
« tièrement disparu et qu'il vit encore à mes yeux.
« Votre très-bon et très-respectable père est digne,
« en effet, de conserver vivante cette sainte mémoire :
« on le verra bien quand Dieu aura réuni dans le
« ciel les deux amis qu'il avait si étroitement unis
« sur la terre.

« Aussi, est-ce de tout mon cœur, Mademoiselle,
« que je prends part à vos douloureuses angoisses,
« et que j'unis mes prières à celles de toute votre
« famille pour notre cher et vénéré malade. En par-
« lant au Saint-Père de la cause du vénérable Curé
« d'Ars, j'ai eu occasion de nommer son fidèle ami,
« et je n'ai pas manqué de le faire dans les termes
« que me suggéraient la plus sincère estime et la
« plus respectueuse affection. Aussi, Léon XIII m'a-

« t-il écouté avec bienveillance, et a-t-il daigné
« m'accorder la bénédiction spéciale que je sollicitais
« pour M. le Comte et pour tous les siens. Je me
« réservais de le lui annoncer à mon prochain pas-
« sage à Ars, vers la fin de janvier ou au commence-
« ment de février. Mais il vaut mieux que je vous
« prie de lui faire connaître cette grâce du Souverain
« Pontife qui lui sera, j'en suis assuré, un encoura-
« gement et une consolation.

« Mon frère partage tous les sentiments que je
« viens d'exprimer, et c'est de tout cœur qu'il s'unit
« à mes prières. Veuillez dire à M. le Comte que je
« le bénis, en priant Dieu de le conserver longtemps
« à votre affection et à la nôtre.

« Agréez, je vous prie, l'expression des sentiments
« respectueux avec lesquels je suis,

« Mademoiselle,

« Votre bien dévoué serviteur en Notre-Seigneur,

« † JOSEPH, évêque de Belley. »

« La lecture de cette lettre a été la dernière consolation du respectable vieillard, dont nous aimons
à nous représenter la rencontre avec le saint Curé,
dans le ciel qu'il lui avait fait espérer, pour prix de
sa fidélité.

« JOANNÈS BLANCHON. »

(Echo de Fourvière.)

Nᵒ VI

Prospérité du Pensionnat des Frères d'Ars.

Les années qui s'écoulèrent depuis l'époque dont nous avons parlé, virent la maison des Frères d'Ars devenir de plus en plus florissante. Les paroisses voisines y envoyaient et y envoient encore leurs enfants ; et chaque année à l'époque de la Saint-Martin, quand les grands travaux des champs sont terminés, les quatre classes des Frères se remplissent d'élèves qui viennent à Ars pendant l'hiver se former à la science, et retournent ensuite au printemps dans leurs familles continuer leurs travaux et répandre autour d'eux l'exemple des vertus chrétiennes auxquelles les bons Frères les ont formés.

C'est ainsi que se réalise encore aujourd'hui un des vœux les plus chers au cœur du vénérable Curé d'Ars, qui était de donner aux enfants des campagnes la facilité de recevoir une bonne et solide instruction primaire. Et, en effet, la réalité de ce vœu est un des plus grands bienfaits pour la jeunesse de nos villages. L'enfant, comme l'arbrisseau, prend la direction qu'on lui donne. Si les mains qui le soignent ne savent pas l'élever, le préserver des épines du mal, sa vie entière souffrira de cette première et mauvaise éducation. Mais, chez les Frères, on sait donner à l'enfant cet élan nécessaire qui le fait croître dans le bien. Sur les bancs de l'école, il apprend à connaître les vérités qui sauvegarderont sa jeunesse, et plus tard, malgré les dangers qu'il pourra courir, malgré les naufrages qu'il pourra faire, le jeune homme gardera toujours deux souvenirs qui seront sa force et l'aideront à se relever : celui des bons principes enseignés par des maîtres qui pratiquaient ce qu'ils lui apprenaient, et celui de sa première communion, qu'il appellera toujours le plus beau jour de sa vie.

Les élèves qui ont été formés par les Frères de la Sainte-Famille sont déjà nombreux à Ars et dans les environs. Nous aimons à constater qu'ils répondent à peu près généralement aux soins dont on a entouré leur enfance. Ils forment une bonne génération et tous gardent au cœur, et savent prouver dans plusieurs occasions, spécialement à l'époque de la fête du frère directeur, la reconnaissance qu'ils ont vouée à leurs premiers maîtres. Non-seulement ils continuent à être de bons chrétiens, mais ils sont encore pour les curés de précieux auxiliaires pour la direction du chant dans leurs paroisses.

Quant aux enfants qui sont actuellement dans la maison, ils se montrent dignes de ceux qui les ont précédés et des excellentes leçons qu'ils reçoivent. Ils ont paru avec éclat au concours qui depuis deux ans a été établi au chef-lieu de canton. En 1877, sur douze élèves présentés à Trévoux, neuf ont été reçus, et en 1878, sur huit, il y en a eu sept. L'avenir de cette maison sera béni comme son passé et son présent ; les parents aimeront toujours à placer leurs enfants près du tombeau de celui qui a protégé sur la terre et qui du ciel protége encore son établissement des Frères.

Nᵒ VII

La comtesse des Garets d'Ars.

Dans le village d'Ars, et même bien loin aux environs, il est une mémoire qui ne s'est jamais affaiblie, un nom qui toujours est prononcé avec un accent qui traduit l'amour et le respect, c'est la mémoire et le nom de la comtesse des Garets.

Si l'on demande aux habitants d'Ars ce qu'était cette femme admirable, tous n'ont qu'une même réponse : « Madame des Garets, oh! c'était une sainte! » Et bien souvent, dans des familles que nous aimons à visiter, nous avons pu constater que les enfants gardaient les sentiments d'estime et de vénération que leurs parents avaient voués au souvenir de cette noble chrétienne.

Née en Dauphiné, sous un toit qui abritait une race de femmes fortes, elle reçut de sa sainte mère, Madame du Colombier, les germes de toutes ces vertus que devait un jour cultiver M. Vianney. Ses qualités brillantes, ses dons extérieurs lui auraient assuré des succès dans le monde; elle eut pu être la reine des salons où sa naissance l'appelait. Mais elle comprit vite qu'ici-bas la femme a une vocation plus haute que celle de briller, et un sceptre plus enviable à porter que celui des honneurs. Gardant pour son intérieur les trésors de son cœur et les richesses de son intelligence, elle se créa une existence qui la fit aimer de Dieu et bénir de tous ceux qui l'entouraient. Aussi, Mlle d'Ars, cette sainte qui donnait à M. Vianney un bouquet de lys qui ne se fanait pas (1), en s'envolant au ciel, pouvait emporter l'immense consolation de laisser une remplaçante digne d'elle dans ces vieux murs tout pénétrés du parfum de ses vertus.

Les premières années de son installation à Ars, M. Vianney recourait au château dans toutes ses détresses, et l'on ne savait pas qui était le plus heureux ou de celui qui recevait ou de ceux qui donnaient.

La mort de Mlle d'Ars n'arrêta pas ces bons rapports, et le saint Curé, en accueillant ses héritiers, leur dit cette parole aimable : « Le bon Dieu nous traite comme il a traité son peuple : en lui retirant Moïse, il lui laissa Caleb et Josué. »

Avec cette pénétration que donne souvent la sainteté, le Curé d'Ars devina bien vite les trésors que Dieu avait renfermés dans l'âme de sa nouvelle paroissienne, et, avec sa science des cœurs, il en fit un modèle pour son village et un exemple pour la famille dont elle était la mère et la souveraine aimée.

(1) *Vie du Curé d'Ars*, par M. Monin.

La comtesse des Garets avait une de ces natures privilégiées qui méritent l'insigne bienfait de recevoir les enseignements d'un saint. Du reste, elle comprit la grâce que Dieu lui accordait. Aussi, quelle haute perfection a produite cette direction de tant d'années ! que de saints conseils ont dû répondre à d'admirables confidences ! et quand Dieu frappait le cœur de la pauvre mère, par de cruelles épreuves, quel pouvoir de consolation ne donnait-il pas à celui qui savait rendre la résignation de la chrétienne plus forte que la douleur de la mère !

Le saint directeur avait un cœur de père pour cette petite colonie qui s'élevait à l'ombre de ses vertus et dont il était le guide. La correspondance de Mme des Garets est pleine de traits charmants qui laissent entrevoir les bénédictions constantes que le saint Curé répandait sur ces jeunes têtes, et qui, en laissant de consolants souvenirs pour la terre, donnent d'immortelles espérances pour le ciel.

Lorsque le pélerinage était le plus fréquenté, le vénérable Curé réclamait constamment l'aide du comte des Garets pour maintenir le bon ordre. Il faisait aussi un appel à la châtelaine pour recevoir les pèlerins illustres qui venaient à Ars. Le château offrait tout naturellement un abri à ces visiteurs, charmés de rencontrer sous ce toit le type réalisé de la femme chrétienne et aimable, et gardant, au retour, le double souvenir d'un saint, et de l'accueil cordial et empressé qu'ils avaient reçu chez ses paroissiens.

La mort du serviteur de Dieu fut une épreuve douloureuse pour la comtesse des Garets. Ses larmes coulèrent avec une amertume filiale pendant la maladie du père de son âme; et lorsque, le matin du 4 août 1859, elle s'agenouilla devant ses dépouilles inanimées et qu'elle pencha son front sur la main qui lui avait aidé à porter sa croix, on comprit que si sa douleur était profonde, elle n'était pas toutefois sans consolation.

Que de fois la comtesse des Garets et le frère Jérôme, évoquant le souvenir de leur vénérable Curé, répandaient des larmes en voyant sa place vide! Comme le bon frère, elle recherchait tout ce qui pouvait glorifier sa mémoire; et lors du premier procès de la cause du saint prêtre, appelée comme témoin, elle fit une magnifique attestation sur les vertus qu'elle lui avait vu pratiquer, et non-seulement sa déposition frappa le tribunal qui l'interrogeait, mais, à Rome même, les juges de la cause en furent aussi dans l'admiration.

Une sainte vie devait être récompensée par une sainte mort. Mme des Garets avait achevé l'œuvre de sa perfection. Les dernières années de son existence s'écoulèrent dans une prière incessante. Que de nuits elle passa dans son oratoire, agenouillée au pied de son crucifix! Ceux qui l'entouraient avait pour ainsi dire peur d'une si haute perfection, car elle est ordinairement, pour les âmes prédestinées, le signe que leur couronne est achevée. Pour la comtesse des Garets, l'appel d'en haut se fit entendre le 17 novembre 1868, et son saint Curé vint la chercher pour partager avec elle la gloire éternelle dont il jouit dans les cieux.

Ses funérailles furent solennelles, et nous croyons pouvoir ajouter que sa tombe ne sera jamais recouverte par l'oubli, car, avec tous ceux qui l'ont connue, nous aussi nous avons le droit de dire : « C'était une sainte ! »

N° VIII

M. Camelet, supérieur des missionnaires de Pont-d'Ain et curé d'Ars pendant dix ans.

Il faudrait un volume et non le cadre étroit d'une note pour rendre hommage à celui que l'on peut appeler à juste titre l'apôtre du diocèse de Belley, à celui qui fut véritablement un prêtre selon le cœur de Dieu.

Nommer M. Camelet, c'est raviver pour bien des âmes un souvenir consolant et édifiant; c'est faire revivre pour beaucoup un homme bon et charitable qui enseignait la voie du repentir et montrait le chemin du ciel. Peu de mémoire ont droit, autant que la sienne, à une reconnaissance éternelle. Dans son long et touchant ministère, que de traits il y aurait à recueillir, que d'exemples à citer !

Joseph Camelet naquit à Meximieux le 11 novembre 1809. Cette petite ville était déjà la patrie d'un saint apôtre, M. Ruivet, vicaire général de Belley et confesseur de la foi pendant la grande Révolution. Quand la paix fut rendue à l'Eglise, M. Ruivet fut d'abord curé de Meximieux, et c'est pendant qu'il était à la tête de cette paroisse qu'il fit bâtir le Petit-Séminaire où tant d'enfants sont venus, jusqu'à ce jour, demander la science et s'initier de bonne heure à la pratique des vertus qui font les bons prêtres.

Joseph Camelet, écoutant la voix de son directeur qui lui confirmait l'appel divin, entra dans ce Séminaire. Pendant les quelques années qu'il y passa, il se fit constamment remarquer par son intelligence et sa bonne conduite. Non-seulement il fut un bon élève, mais encore un excellent condisciple. Sa loyauté, sa franchise, son caractère égal et heureux lui concilièrent bientôt l'affection de ses maîtres et de ses camarades. Tous ceux qui l'ont connu attestent qu'il était aimé de tous, et que sa piété et sa foi vive laissaient déjà entrevoir les desseins que Dieu avait sur lui.

Après avoir terminé ses études philosophiques et théologiques, il fut ordonné prêtre par Mgr Devie et placé à la Maîtrise de Notre-Dame, à Bourg; ensuite il fut nommé vicaire de M. Vuarin, à Genève. Mais comme Dieu l'appelait dans la milice des prédicateurs, il ne tarda pas à rentrer dans son diocèse et il se rendit à Pont-d'Ain pour se joindre à M. Mury qui venait de fonder la société des Missionnaires diocésains. C'est dans cette société, à laquelle il se voua corps et âme, qu'il passa le reste de sa vie.

M. Camelet entra avec ardeur dans cette carrière qui convenait si bien à sa nature dévouée et généreuse. Dieu avait entouré sa jeunesse de saintes et fortes protections, et M. Mury perfectionna l'âme du missionnaire, comme M. Vuarin avait développé en elle les vertus sacerdotales. Aussi, son zèle pour la gloire de Dieu et le salut des âmes ne connut-il bientôt plus de bornes, et il devint, dans la force du terme, comme nous l'avons dit, l'apôtre du diocèse de Belley.

Aucune fatigue ne le décourageait, aucun obstacle ne l'effrayait, et de lui aussi on pouvait bien dire qu'il trouvait son repos dans un incessant travail.

Il prêcha plus de deux cents missions, sans compter les retraites qu'il donnait, soit dans les paroisses, soit dans les établissements religieux et maisons d'éducation, lorsque l'été interrompait la prédication des missions. Il apportait dans son ministère cet amour de Dieu qui le dévorait, cette bonté qui triomphait des pécheurs les plus rebelles et cet entrain qui attirait à ses sermons. Une fois qu'on était venu l'entendre, on y revenait avec empressement, parce qu'à l'exemple du divin Maître il pratiquait le premier ce qu'il enseignait aux autres. Tous ceux qu'il a évangélisés se souviennent encore de ses belles conférences et de ses entraînants discours sur la foi, sur Jésus-Christ et sur les fins dernières. Il fallait avoir un cœur bien endurci pour ne pas se convertir après l'avoir entendu prêcher sur l'enfer. Il savait résumer ses sermons et entraîner tous ses auditeurs par ses éloquentes péroraisons.

Non-seulement M. Camelet avait l'éloquence du missionnaire, mais il possédait encore toutes les vertus qui font le véritable apôtre. A un zèle extraordinaire, il joignait un désintéressement admirable, et toutes ses ressources étaient distribuées à sa famille et aux pauvres. Quand Monseigneur fixa le traitement des missionnaires, M. Camelet ne voulut rien recevoir de plus que ses confrères, estimant que le maître doit offrir à ses disciples l'exemple du détachement.

Quelques mois avant sa mort, comme il était à Ars, M. Toccanier lui exprima son désir d'ériger une chapelle et une statue à saint Joseph; aussitôt, M. Camelet tira de sa poche son porte-monnaie et en versa tout le contenu pour l'offrir à son saint patron. M. Toccanier, par discrétion, hésitait à accepter : « Prenez toujours, lui dit le bon supérieur, je veux mourir pauvre à l'exemple de M. Mury. »

En effet, avant de mourir, M. Mury avait fait distribuer aux missionnaires et aux religieuses de Pont-d'Ain tout ce qu'il possédait, et M. Camelet voulait imiter ce dépouillement complet.

Son humilité était si grande qu'il choisissait de préférence les paroisses pauvres pour les évangéliser lui-même. Dans celles qui étaient plus importantes, il envoyait ses missionnaires et, à leur retour, il applaudissait à leurs succès.

Toujours il se plaçait au dernier rang et s'oubliait complètement pour ne penser qu'aux autres. Son abnégation édifiait profondément et lui valut l'amour sincère et la grande vénération dont l'entouraient ses missionnaires. Sa charge de supérieur l'effrayait un peu, non à cause des soucis qui accompagnent toute autorité, mais parce qu'il ne s'en croyait pas digne. « Je ferais peut-être mieux de céder ma place à un autre, » écrivait-il un jour au vénérable Curé d'Ars.

Lorsqu'il allait commencer quelque mission difficile, il ne se fiait pas à son mérite pour obtenir le succès, mais il recourait à la prière pour que Dieu lui vînt en aide. Avant de prêcher celle de Meximieux, en 1854, il conjurait le Curé d'Ars de prier pour que l'œuvre de Dieu s'accomplît. « Ayez la bonté, lui disait-il, d'être *Moïse* sur la montagne pendant que nous nous efforcerons d'être *Josué* dans la plaine ; vous serez ainsi le principe du succès que le bon Dieu nous permettra d'obtenir. »

Et comme, malgré l'oracle qui dit *que nul n'est prophète dans son pays*, la mission de Meximieux avait parfaitement réussi, M. Camelet remerciait le Curé d'Ars en termes touchants, le regardant, après Dieu, comme le seul auteur du succès. Puis, il lui recommandait celle d'Ambérieu-en-Bugey. « Soyez assez bon pour m'accompagner encore, ajoutait-il ; avec vous je me sens bien fort et il me semble que nous ne pouvons pas échouer. »

Sa bonté était réellement un reflet de celle de

Dieu. Dans ses missions, il n'était plus *Monsieur le supérieur*, mais le bon père Camelet, et il avait un accueil si paternel que les âmes qui avaient peur d'une conversion, ne la redoutaient plus lorsqu'elles avaient jugé de la miséricorde de Dieu par celle de son ministre. Il avait une bonne parole pour tous ceux qui l'abordaient. En un mot, il réalisait l'idéal du bon missionnaire, qui doit, comme son divin maître, courir après les brebis perdues de la maison d'Israël pour les ramener au bercail.

Mais c'était surtout au milieu de ses missionnaires, qu'il appelait ses enfants, que cette bonté, cette tendresse du cœur de l'apôtre était touchante à voir. Il les aimait autant qu'il en était aimé, et de sa société il avait fait une famille qui n'avait qu'un cœur et qu'une âme et dont il était le centre.

Aussi, lorsqu'un de ses membres s'éloignait, pour entrer dans le ministère paroissial, de ce foyer de Pont-d'Ain où il les voulait tous réunis, son cœur saignait longtemps, et la place de l'absent restait toujours vide à ses regards de père.

Ses lettres sont toutes empreintes de son affection pour ses fils dévoués : « Adieu, adieu mes enfants, « je sens mon cœur s'attendrir en disant que je vous « aime, » écrivait-il à M. Toccanier et à ses confrères, en terminant sa lettre.

Une vertu de M. Camelet, qui brillait en lui d'un vif éclat, était sa patience, sa résignation au milieu des épreuves. Jamais il n'eut un murmure sur les lèvres ; malgré l'amertume des croix qu'il rencontra sur sa route, jamais son âme si forte ne se départit de ce courage chrétien qui anime le bon soldat de Jésus-Christ ; et sa carrière, si remplie de bonnes œuvres, si traversée par les peines et les contradictions, n'offre qu'un sublime exemple de résignation à la volonté de Dieu en tout et pour tout.

Faut-il donc s'étonner maintenant, si un homme aussi parfait sut mériter l'estime et l'affection du Curé d'Ars ? Entre les âmes prédestinées, il existe des attractions puissantes, et celles de M. Vianney et de M. Camelet avaient un lien de plus encore, le même zèle pour l'œuvre des missions. Les fonder était l'œuvre favorite du vénérable Curé, et les prêcher était le but de la vie du zélé missionnaire. Aussi, lorsque Mgr Chalandon eut l'heureuse inspiration de choisir dans la société de Pont-d'Ain un aide pour le Curé d'Ars, M. Camelet en ressentit un bonheur intime, et pour montrer à quel point il comprenait la grandeur et l'importance du poste qui était confié à sa famille, nous citerons les recommandations qu'il écrivait, le 7 septembre 1853, à celui de ses fils qui était choisi pour vivre près d'un saint, à M. Toccanier : « Continuez, mon cher ami, à « vous montrer digne de la confiance que nous vous « avons témoignée. Regardez-vous comme le repré- « sentant de notre société qui doit tant à M. le Curé « et qui veut se montrer reconnaissante par vous. « Par conséquent, attachez-vous à lui, entourez-le « d'égards, d'attention, de témoignages de respect « et de vénération. Qu'il sache, qu'il comprenne que

« vous l'aimez, que vous êtes là pour lui adoucir
« les amertumes de la vie et les infirmités de la
« vieillesse. »

On sait comment furent suivies ces recommandations et le bonheur que le Curé d'Ars reçut de son
vicaire et des missionnaires de Pont-d'Ain. Comment, en effet, les enfants n'auraient-ils pas partagé
l'amour filial que leur père avait pour le thaumaturge ?

    « Oh ! tant que je pourrai quelque chose à Ars,
« écrivait-il au saint Curé lui-même, le 6 février
« 1854, je le promets devant Dieu, vous serez à
« vous, vous vous appartiendrez, vous pourrez
« suivre tous les mouvements de votre excellent
« cœur. Tous mes chers missionnaires sont pénétrés
« pour vous de tous mes sentiments de respect, de
« profonde estime, de dévouement invariable. Ayez
« en eux la même confiance que vous voulez bien
« avoir en moi. »

En ailleurs : « Ne craignez pas de mettre à
« l'épreuve mon dévouement, mon affection pour
« vous ; vous me rendrez content, bien content
« toutes les fois que vous m'appellerez auprès de
« vous, j'y deviens meilleur. »

En supérieur éclairé il comprenait le bien que les
membres de sa société devaient retirer en vivant
quelque temps à l'école du Curé d'Ars. C'est pourquoi il ne refusait jamais de lui envoyer des aides
lorsque le pèlerinage devenait plus nombreux. Nous
lisons ces lignes dans une de ses lettres à M. Tocca-

nier, qui lui demandait un secours de Pont-d'Ain :

« Je désire de tout mon cœur que la nécessité d'un
« aide se reproduise souvent. J'aurai par là l'occa-
« sion, que je regarde comme un bonheur pour
« l'avenir de notre société, de faire passer successi-
« ment sous les yeux de M. le Curé tous les mem-
« bres de ma famille, afin qu'en travaillant avec lui
« ils s'inspirent de son esprit, et afin qu'il les
« bénisse. »

Aussi, Dieu réservait un grand honneur et une
belle distinction à M. Camelet, et sa mémoire restera à jamais couronnée par ce titre de Curé d'Ars
qu'il reçut à la mort de son saint ami.

M. Vianney en quittant ce monde pour le bonheur
du ciel, laissait une succession effrayante à recueillir, le titre de Curé d'Ars ! Qui donc oserait
le porter après lui ? Dieu, qui se plaît à exalter les
cœurs humbles, voulut élever son fidèle missionnaire et, malgré les résistances de celui-ci, il le fit
nommer Curé d'Ars.

Pendant dix ans, M. Camelet, quoique ne résidant
pas à Ars, en fut cependant le curé, et, entre lui et
cette paroisse, s'établirent des liens puissants et
solides que la mort n'a pu rompre.

M. Camelet était donc supérieur des missionnaires
et Curé d'Ars. A ces deux titres nous pouvons en
ajouter un autre, puisque ce dernier lui valut de
mourir sur la brèche : il était soldat de Jésus-Christ,
et la mort le trouva les armes à la main, combattant
le bon combat.

Il prêchait la mission de Saint-André-d'Huiriat, lorsqu'il fut atteint de la maladie qui l'enleva. Obligé d'interrompre ses prédications, il vint se faire soigner à Pont-d'Ain. Mais, ni les secours assidus des médecins, ni les soins empressés de son entourage ne purent le disputer au ciel où il avait tant d'amis et où l'attendait une si belle couronne. Les anges avaient fini de la tresser et Notre-Seigneur voulait récompenser sa vie militante en lui donnant le repos éternel le jour et à l'heure même où lui-même rendit le dernier soupir sur la croix. M. Camelet, par ses dernières souffrances, avait bien aussi gravi le Calvaire et sa vie tout entière avait été une imitation fidèle de son divin Maître. Il expira donc le 26 mars 1869, le Vendredi-Saint, à trois heures de l'après-midi, tenant serré sur son cœur et sur ses lèvres sa croix de missionnaire. Et comme le disciple bien-aimé était debout au pied de la croix du Calvaire, de même M. Camelet expira levé, comme pour suivre plus vite l'élan qui le portait vers son Dieu.

Puisse-t-il du ciel bénir ceux qui n'oublieront jamais les exemples qu'il a donnés et les vertus qui rendent sa mémoire impérissable !

Nᵒ IX

Lettre du frère Amédée, supérieur général.

« Belley, 22 avril 1875.

« Je vous envoie une affligeante nouvelle, à la-
« quelle vous vous attendez sans doute : le cher
« frère Jérôme a rendu son âme à Dieu, vendredi
« 23 avril.

« Il y a peu de jours, cher frère Athanase, que
« vous avez vu ce bon frère et vous savez comme
« moi, les sentiments de foi et de résignation qui
« l'animaient. Je n'ai donc pas à vous en parler. Du
« reste, nous sentons tous qu'une si sainte vie ne
« pouvait que lui préparer la plus sainte mort.

« Il nous a donc quittés, notre bien-aimé frère ! Il
« est donc allé rejoindre le vénérable Curé d'Ars,
« celui qui fut son serviteur si fidèle et si dévoué,
« et qui semblait ne lui survivre que pour le faire
« connaître et glorifier ! Avec quel bonheur il l'aura
« revu au milieu des splendeurs de la gloire !

« Je voudrais me représenter le céleste sourire
« avec lequel l'aura accueilli le saint Curé. N'aura-
« t-il pas intercédé pour faire monter près de lui cet
« ami si cher à son cœur, celui qui fut toujours si
« dévoué et qui entoura sa personne de soins si
« affectueux ?

« Hier, samedi, à 4 heures du soir, nous avons
« déposé sa dépouille mortelle dans la terre sainte;
« mais nous n'avons pas enseveli sa mémoire avec
« lui; il nous laisse des souvenirs trop chers et trop
« consolants pour que nous ne les conservions pas
« précieusement.

« Oui, ô bon frère Jérôme, vous resterez dans
« notre souvenir comme la réalisation du religieux
« bon et charitable, pieux et dévoué, humble et
« obéissant, pénétré d'horreur pour le mal et rempli
« d'ardeur pour le bien. Maintenant que vous jouis-
« sez de la récompense méritée par tant de vertus,
« obtenez que vos frères, que vous laissez dans les
« travaux, les peines et les luttes de la vie, soient
« toujours, comme vous, esclaves du devoir et em-
« brasés de cette divine charité qui dispose les cœurs
« à tous les sacrifices, afin qu'un jour nous méritions,
« comme vous, de faire la mort du juste.

« Je n'ai pas besoin de vous prier, mon très-cher
« frère Athanase, de communiquer à MM. les mis-
« sionnaires et à M. le comte des Garets la doulou-
« reuse nouvelle que je vous envoie, ce sera certai-
« nement votre première démarche après la réception
« de ma lettre.

« Faites en part aussi à vos chers élèves, aux-
« quels il était si attaché et dont il avait mérité d'être
« appelé *la mère*. Cette qualification peint sa bonté,
« comme elle honore ceux dont le cœur droit et re-
« connaissant la lui avait spontanément décernée.

« Prions tous pour notre aimable et regretté con-

« frère, car l'Eglise nous invite à prier même pour
« ceux dont la vie a été bien parfaite, sachant quelle
« pureté il faut avoir pour échapper aux flammes
« du purgatoire et aller droit au ciel. »

Après quelques nouvelles étrangères à notre sujet, le Révérend Père supérieur reprend :

« Mais le bon frère Jérôme ne peut pas me laisser
« aller loin sans revenir à son souvenir. C'est un
« souvenir bien doux ; c'est en même temps un sou-
« venir bien amer, parce que, hélas ! nous ne rever-
« rons plus ici-bas cet aimable frère...

« Tout à vous, mes chers frères d'Ars, tout à vous
« dans le pieux souvenir du frère Jérôme, et dans le
« saint amour de Dieu pour qui seul il vécut, et qu'il
« aima toujours de toute son âme et de toutes ses
« forces.

« Frère AMÉDÉE,

« Supérieur général. »

APPENDICE

Les lecteurs de la *Vie du frère Jérôme* liront avec plaisir la lettre suivante. Elle recommande à leur charité une œuvre importante dont le but est d'élever des enfants à l'ombre d'une maison de noviciat, et de les initier de bonne heure aux vertus qui font les bons religieux.

LETTRE CIRCULAIRE
DU SUPÉRIEUR GÉNÉRAL
DES
FRÈRES DE LA SAINTE-FAMILLE
Aux Membres de sa Congrégation
AU SUJET DE LA CRÉATION D'UN PETIT NOVICIAT

Belley, le 1er du mois de Marie, 1878.

TRÈS-CHERS FRÈRES,

Souvent vous nous avez présenté des postulants qui n'avaient pas l'âge voulu pour être admis au Noviciat, et vous insistiez pour leur admission, craignant que, si elle était retardée, ils ne prissent une autre voie.

Il arrive fréquemment, en effet, qu'un jeune homme, annonçant les meilleures dispositions pour l'état religieux, est détourné de cette vocation par de pernicieuses fréquentations, ou par des parents trop pressés de l'engager dans quelque carrière. Ainsi la religion est privée de sujets qui auraient pu la servir utilement.

C'est donc répondre à un vrai besoin que d'ouvrir une maison où les jeunes aspirants puissent entrer, en attendant qu'ils aient l'âge requis pour commencer le noviciat. Depuis plusieurs années, nous nous occupons de la création de ce *Juvénat*; la divine Providence nous ayant ménagé quelques ressources pour le commencer, nous l'ouvrirons au mois d'octobre prochain.

Vous pouvez donc dès à présent, très-chers Frères, donner aux jeunes aspirants l'espoir d'être bientôt reçus. Que votre zèle vous porte même à les chercher, au lieu d'attendre qu'ils viennent à vous. Sans doute il ne faut pas presser un enfant d'entrer dans une maison religieuse; mais il ne faut pas non plus attendre que Dieu fasse un miracle pour manifester sa volonté au sujet de la vocation. S'il la manifeste souvent par une voix intérieure, plus souvent encore il emploie le ministère d'un bon conseiller pour en suggérer la première pensée. Estimez-vous heureux s'il veut se servir de vous pour jeter cette salutaire semence dans des âmes qu'il s'est choisies, et cultivez-la avec soin, car elle est destinée à produire les fruits les plus précieux.

Ce n'est pas assez, T.-C. F., de ce que vous pouvez faire par vous-mêmes à cet égard : parlez à M. le Curé de la paroisse, parlez à ceux des paroisses voisines, à tous ceux que vous voyez bienveillants pour nous et zélés pour la gloire de Dieu, et dites-leur que nous leur serions reconnaissants de nous procurer quelques bons postulants, soit pour le Noviciat, soit pour le Juvénat. En préparant les enfants à la première communion, ils en distingueront que Dieu favorise spécialement de sa grâce, qui semblent prédestinés à mener une vie plus parfaite que celle du commun des fidèles, et à travailler à l'accomplissement de ce vœu que nous adressons à Dieu plusieurs fois le jour : *Que votre règne arrive* ; ne serait-il pas regrettable qu'on négligeât de tirer parti de ces jeunes gens en faveur des intérêts de la religion?

Vous n'avez pas à craindre, T.-C. F., de passer pour imprudents en parlant à des Prêtres de vocations religieuses; vous n'en rencontrerez sans doute pas à qui cette œuvre puisse être indifférente. Si vous en trouvez qui aient une préférence pour d'autres congrégations religieuses, respectez ce sentiment et ne vous en faites pas un sujet de peine, puisque toutes les congrégations enseignantes ont un but commun, l'éducation chrétienne de l'enfance.

Un point qui mérite toute notre attention, c'est le choix des sujets. Le désir manifesté par un jeune homme d'entrer au Juvénat ne suffit pas pour qu'il y soit admis; il faut viser au but de l'œuvre, et ne recevoir que ceux en qui l'on voit des indices de vocation ; car c'est un devoir pour nous de n'employer qu'à propos des fonds destinés à la formation d'instituteurs religieux. Il faut avant tout que l'aspirant ait une conduite irréprochable, une vraie piété et un bon caractère. Nous exigerons aussi qu'il montre du goût et des dispositions pour les études, afin qu'il puisse, plus tard, rendre avec usure à la religion les sacrifices qu'elle aura faits pour lui. Il est évident d'ailleurs que les défauts corporels, le manque de santé et la naissance illégitime doivent fermer la porte du Juvénat.

Quant aux conditions d'admission, elles ne peuvent être réglées d'une manière uniforme. Comme dans le plus grand nombre de cas les parents ne pourront pas payer la pension annuelle de 400 fr., vous verrez avec eux, T.-C. F., ce qu'il leur sera possible de faire à ce sujet et au sujet du trousseau.

Vous recueillerez tous les renseignements utiles à cet égard, et me les ferez connaître avant de rien conclure définitivement. Vous m'exposerez en même temps ce que vous aurez reconnu dans le postulant relativement aux qualités religieuses, morales, intellectuelles et physiques dont il vient d'être parlé, et me donnerez la date exacte de sa naissance.

Vous aurez compris, T.-C. F., que le Juvénat est établi pour sauvegarder les vocations exposées à se perdre par suite de retard dans l'admission. Quant aux aspirants dont la vocation ne court pas ce danger, il faut, comme par le passé, les laisser dans leurs familles jusqu'à ce qu'ils aient l'âge requis pour entrer au Noviciat.

Nous ajouterons ici quelques mots sur les moyens à prendre pour nourrir et entretenir les petits novices qui ne pourront payer leur pension. C'est une chose qui se recommande d'elle-même à votre zèle. Profitez des occasions qui pourront se présenter pour intéresser à cette œuvre les âmes chrétiennes favorisées des dons de la fortune. Vous en trouverez qui se font un bonheur de concourir, selon leurs moyens, au soutien des institutions utiles. Elles n'ignorent pas qu'on s'efforce aujourd'hui plus que jamais de répandre parmi les populations des doctrines impies et subversives de tout ordre social, et que le meilleur moyen de défense est l'éducation des enfants. En effet, c'est la religion qui établit les vraies bases de la société, en apprenant à rendre à chacun ce qui lui est dû, en interdisant même de convoiter le bien d'autrui, en enseignant que l'homme est condamné à gagner son pain à la sueur de son front; et elle inspire la résignation aux malheureux et aux déshérités des biens de ce monde, en leur promettant un bonheur éternel, pour prix des peines et des fatigues auxquelles ils se sont soumis pendant la vie présente.

Un prospectus dont nous vous envoyons quelques exemplaires, pourra être distribué pour faire connaître l'œuvre et les moyens de la soutenir. Mais il ne faudra le répandre qu'avec discernement, et si les personnes auxquelles vous vous adresserez ne répondent pas à votre désir, vous vous garderez de vous en plaindre. Ce genre d'exercice de la charité est libre ; si l'on nous donne, soyons reconnaissants ; si d'autres œuvres captivent davantage la sympathie de ceux à qui nous demandons, respectons leur manière de voir, et ayons soin de n'en point témoigner de l'humeur. Celui qui veut quêter, doit d'abord faire une ample provision d'humilité, de douceur, de patience et de résignation.

Vous tiendrez un compte exact des dons que vous recevrez, des souscriptions annuelles et des pensions, demi-bourses et bourses entières que vous pourriez recueillir, et vous me présenterez ensuite ce compte. Si une personne fait un don, il suffit que vous l'inscriviez vous-mêmes ; mais si elle fait une promesse (2°, 3° et 4° du prospectus), priez-la de l'exprimer par un petit écrit revêtu de sa signature.

Il ne faut pas que je termine sans vous indiquer un moyen auquel nous devons recourir pour réussir dans nos quêtes : c'est la prière. Demandez à Dieu de disposer en faveur de notre Juvénat le cœur des personnes auxquelles vous devez vous adresser ; priez leurs Anges gardiens de les porter à faire cette bonne œuvre; recommandez votre démarche à la Sainte-Vierge, par un *Ave Maria* ou un *Souvenez-vous*. Recourez aussi à saint Joseph : c'est lui qui était chargé de pourvoir aux besoins de la Sainte-Famille; dites-lui qu'en sa qualité de protecteur de notre Congrégation, il doit s'occuper de nos besoins; il peut nous procurer tout ce qu'il veut, ayant tout pouvoir auprès du Maître des trésors du ciel et de la terre; qu'il ne peut rester indifférent à cette entreprise, dont le but est la gloire de Dieu, et suppliez-le de la prendre en main et de la conduire à bonne fin. Ici nous le prions tous les jours en communauté, et une lampe ardente est placée devant son image pour lui rappeler sans cesse l'objet de nos désirs. Il a commencé à s'en occuper, ne nous lassons pas de le solliciter jusqu'à ce que l'œuvre soit complètement fondée. Adressez-lui chaque jour à cette intention une prière, telle que le *Souvenez-vous* ou cette invocation : *Saint Joseph, Chef de la Sainte-Famille, priez pour nous.*

Recevez, très-chers Frères, l'assurance de mon entier dévouement et de ma vive affection en Jésus, Marie et Joseph.

Frère AMÉDÉE.
Supérieur Général.

PETIT NOVICIAT

DES

FRÈRES DE LA SAINTE-FAMILLE

BUT DE CETTE OEUVRE

De nombreuses demandes d'instituteurs sont adressées à la Congrégation des Frères de la Sainte-Famille, mais elle manque de sujets pour y satisfaire.

Afin de se mettre plus promptement en état de répondre aux appels du zèle et de la charité, cette Congrégation établit un *Petit Noviciat* ou *Juvénat*, où seront admis les aspirants de douze à quatorze ans. Cet établissement sera comme une pépinière pour le grand noviciat.

SES BESOINS

Dans l'impossibilité de faire face aux dépenses qu'entraîne la création de cette œuvre, la Congrégation fait un appel à la générosité de toutes les âmes qui ont à cœur le bien de la religion et le salut de la société.

On peut y contribuer :

1° En faisant un don quelconque : la plus petite somme est reçue avec reconnaissance ;

2° En souscrivant pour une somme annuelle;

3° En se chargeant de la pension d'un petit novice pour une ou plusieurs années;

4° En fondant une bourse de 400 francs ou une demi-bourse de 200 francs.

Les offrandes et les souscriptions sont reçues, à Paris, par un comité de Dames patronnesses, et par le Frère Simon, rue de la Trinité, 3. Elles sont également reçues par les Frères Directeurs de tous les établissements de la Congrégation.

APPROBATIONS ÉPISCOPALES

Mgr l'Évêque de BELLEY et NN. SS. les Archevêques et Évêques des diocèses où les FRÈRES DE LA SAINTE-FAMILLE sont répandus, ont bien voulu approuver et bénir cette pieuse entreprise.

AVANTAGES SPIRITUELS

Les personnes qui favorisent cet œuvre auront part : 1° aux prières quotidiennes faites dans la Congrégation pour ses bienfaiteurs, et, après leur mort, à un service célébré chaque mois dans la Maison mère; 2° au mérite de tout le bien que feront les instituteurs religieux formés au moyen de leurs pieux dons.

TABLE